# 労働運動入門

日本国憲法と『資本論』を学び、たたかいに生かす！

岩橋祐治

# はじめに

## 「教えるとは、希望を語ること。学ぶとは、誠実を胸に刻むこと」

（フランスの詩人ルイ・アラゴンが一九四三年ナチスの弾圧によりストラスブール大学の教授・学生が逮捕・銃殺されたことを痛み書いた「ストラスブール大学の詩」の一節）

二〇一九年一一月、全労連は結成三〇周年を迎えました。筆者は、一九八一年に京都生協に就職して、すぐに労働組合運動に参加しました。一九八〇年代は、中央総評の解体・連合の結成という日本の労働戦線の右翼再編に抗し、階級的ナショナルセンター・全労連の結成に全力で奮闘しました。一つは京都統一労組懇の代表委員の一員として、京都のローカルセンターの京都総評の存続・発展、全労連加盟に力を尽くしました。もう一つは生協労連の中央執行委員として、当時中立だった生協労連を全労連結成時に参加できるようがんばりました。

一九八九年の全労連の結成、京都総評の存続・発展以降は、京都総評の専従役員として一九九〇年から二〇一二年まで二二年間活動しました。二〇一二年に京都総評推薦の全労連専従役員だった、二〇一九年二月に急逝された故寺間誠治さんが退任するのに伴い、その交代に全労連の専従役員となり現在に至っています。

わたしの四〇年近い労働組合運動の中で、基本において活動を進めてきたのは、「『資本論』を**〝たたかいの導きの糸〟として、日本国憲法を〝たたかいの旗印〟に高くかかげてたたかう**」ということでした。『資本論』は、わたしたちの生きている社会＝資本主義社会の経済的運動法則を明らかにした著作です。日本国憲法は、言うまでもなく日本における最高法規であり、国民主権と平和主義の原則にもとづいて国民の基本的人権を保障する法規です。日本の労働組合の幹部と活動家は、『資本論』と日本国憲法をよく学び、身につけて活動していくことが求められていると思います。本書はそういう立場に立つ労働運動の入門書です。ごいっしょに、これから『資本論』と日本国憲法を学んでいきたいと思います。

本書は、雑誌『学習の友』に二〇一六年一二月号から二〇一七年一一月号まで連載された「働く者の基本的な権利～憲法と労働法を学び生かそう！」と、二〇一七年一二月号から二〇一八年一一月号まで連載された「労働者・労働組合のための『資本論』入門」をもとに、それらを大幅に修正・加筆、再構成しました。

二〇二〇年代を迎え、日本の労働運動は、「世代交代の成功、若手幹部の育成」という課題を抱えながら、〝新たな要求実現、運動と組織の発展のチャンス〟を迎えています。本書がそうしたことへの一助となれば幸いです。（二〇一九年一二月記）

〈目次〉

はじめに　1

**第Ⅰ部　日本国憲法と日米安保条約**

第一章　平和憲法「日本国憲法」について考える！　6

第二章　日米安保条約と日米地位協定、在日米軍と自衛隊について考える！　27

**第Ⅱ部　資本主義社会と労働者・労働組合～賃金・労働時間、いのちと健康、そして雇用**

第三章　わたしたちが生きている社会＝資本主義社会とはどういう社会か？　48

第四章　労働組合入門～マルクス「労働組合～その過去、現在、未来」と日本国憲法における労働基本権の無条件件・全面保障に学ぶ！　58

第五章　労働者の権利と労働基準法　68

第六章　賃金とは何か？　76
第七章　労働時間について考える！　84
第八章　資本主義的「合理化」・技術革新から労働者のいのちと健康を守る！　93
第九章　雇用問題について考える　101
第一〇章　税・財政と社会保障について考える！　107
第一一章　労働＝〝働くということ〟と労働組合の幹部や活動家のあり方について考える！　112

**第Ⅲ部　日本国憲法と『資本論』がさししめす労働者の未来**

第一二章　革命のすすめ――労働者の力で〝世の中を変えよう〟　122
第一三章　『資本論』がさししめす労働者の未来　126
おわりに　133

# 第Ⅰ部　日本国憲法と日米安保条約

# 第一章　平和憲法「日本国憲法」について考える！

戦争が終わって僕らは生まれた。戦争を知らずに僕らは育った。
おとなになって歩きはじめる。平和の歌を口ずさみながら、
僕らの名前を覚えてほしい。戦争を知らない子供たちさ。

（「戦争を知らない子供たち」作詞：北山修、作曲：杉田二郎）

わたしは、第二次世界大戦が終わって九年後、一九五四年（昭和二九年）に生まれました。〝戦争を知らない子ども〟として生まれてほんとうによかったなぁとつくづく思います。これからも日本で生まれるすべての子どもたちが戦争を知らない子どもたちでいてほしいと願わずにはいられません（世界中の子どもたちももちろんそうですが…）。でもそれだからこそ、あの戦争の真実をしっかりと学び、知っておかなくてはいけません。日本国憲法の〝有り難さ〟をしっかりとおさえたいものです。

## 一　〝平和憲法〟としての日本国憲法

一五年にも及んだ日中戦争（一九三一年～四五年）、そしてアジア・太平洋戦争（一九四一年～

四五年）において、日本の侵略戦争と植民地支配の下で二〇〇〇万人を超えるアジアの人々が犠牲となりました。日本人の死者も三一〇万人にも及びました。日本国憲法は、そうした戦争の深い反省に立って、〝再び戦争をしない〟という決意にもとづき制定された憲法です。まさしく〝平和憲法〟そのものです。

〝平和憲法〟という視点から、「〝再び戦争しない〟という決意に立って日本国憲法は何を定めたのか？」をいっしょに考えてみましょう。

### (1) 国民主権と民主主義

再び戦争の惨禍《さんか》が起こることがないようにするために、日本国憲法は、**第一に、「国民主権」**を高らかに宣言しました。

日本国憲法は、「日本国民は、（中略）政府の行為によって再び戦争の惨禍が起こることのないようにすることを決意し、ここに**主権が国民に存する**ことを宣言し、この憲法を確定する」で始まっています。

これに比べて、戦前の日本の「明治憲法」（＝大日本帝国憲法、一八八九年公布、一八九〇年施行）の下では、**主権者は天皇であり、国民は天皇の家来（臣民）**でした。大日本帝国憲法は天皇について次のように規定していました。

「大日本帝国は、万世一系の天皇がこれを統治す」（大日本帝国憲法第一条）

「天皇は神聖にして侵すべからず」（同第三条）

「天皇は国の元首にして統治権を総攬《そうらん》し、この憲法の条規に依《よ》り之を行う」（同第四条）

戦前の日本では、三権分立がされておらず、立法権も行政権も司法権もすべて天皇が行うことになっていました。

「天皇は帝国議会の協賛を以《もっ》て立法権を行う」（同第五条）

「国務各大臣は天皇を輔弼《ほひつ》（＝天皇が政治を行うのを助けること）し、その責に任ず」（同第五五条一項）

「司法権は天皇の名において法律により、裁判所がこれを行う」（同五七条一項）

「天皇は陸海軍を統帥す」（同第一一条）

「天皇は戦いを宣し、和を講し、及び諸般の条約を締結す」（同第一三条）

「天皇は戒厳を宣告す」（同第一四条）

**戦前の日本は、天皇がすべてのあらゆる権力を掌握**している〝オールマイティーカード〟であり、**まさしく絶対主義的天皇制の国家であり、社会**でした。ファシズムと軍国主義の国から再び戦争をしない国に変わるには、絶対主義的天皇制の根本的変革、国政の権能を有しない天皇制＝象徴天皇制への移行と、国民主権と国民代表制を基本原理とする民主主義国家への変革が不可欠でした。

日本国憲法の第一章の「天皇」では、「天皇は、日本国の象徴であり日本国民の統合の象徴であって、この地位は主権の存する日本国民の総意に基く」（日本国憲法第一条）とし、「天皇は、この憲法の定める国事に関する行為のみをおこない、国政に関する権能を有しない」（同第四条）

としています。天皇の地位は主権の存する国民の総意にもとづくものであり、天皇は一種のシンボル（象徴）であって、国政に関する権限は有しないのだということです。

**国民主権とそれにもとづく国民代表制**について、日本国憲法は、前文で、「日本国民は、正当に選挙された国会の代表者を通じて行動」するとし、「そもそも国政は、国民の厳粛な信託によるものであって、その権威は国民に由来し、その権力は国民の代表者がこれを行使し、その福利は国民がこれを享受する」としています。

そして、**選挙権**については、「①公務員を選定し、及びこれを罷免することは、国民固有の権利である。②すべて公務員は、全体の奉仕者であって、一部の奉仕者ではない。③公務員の選挙については、成年者による普通選挙を保障する。④すべて選挙における投票の秘密は、これを侵してはならない。選挙人は、その選択に関し公的にも私的にも責任を問われない」（第一五条）と定め、**請願権**についても、「何人も、損害の救済、公務員の罷免、法律、命令又は規則の制定、廃止又は改正その他の事項に関し、平穏に請願する権利を有し、かかる請願をしたためにいかなる差別待遇も受けない」（第一六条）と定めています。そして、国民の選挙によって選ばれた国会議員からなる**国会**を、「国権の最高機関であって、国の唯一の立法機関である」（第四一条）としています。

また、未来の主権者を育てていくために、「すべて国民は、法律の定めるところにより、その能力に応じて、ひとしく教育を受ける権利を有する」、「義務教育は、これを無償とする」（第二六条）と定めました。これを受けてもともとの**教育基本法では**、教育基本法の制定の趣旨として、「日本国憲法の理想の実現は、根本において教育の力にまつべきものである」、「われらは、個人の尊厳を重んじ、真理と平和を希求する人間の育成を期するとともに、普遍的にしてしかも個性ゆたかな文化の創造をめざす教育を普及徹底しなければならない」（教育基本法前文）ことを挙げ、「教育は、人格の完成をめざし、平和な国家及び社会の形成者として、真理と正義を愛し、個人の価値をたっとび、勤労と責任を重んじ、自主的精神に充ちた心身とも健康な国民の育成を期して行わなければならない」（教育基本法第一条）ことを教育の目的として高らかに掲げていました。しかし、二〇〇六年に、第一次安倍内閣は、教育基本法を全面改悪し、格調高い前文と第一条を全面的に書き換えてしまいました。

### （2）戦争の放棄

再び戦争の惨禍が起こることがないようにするために、日本国憲法は、**第二に、「戦争の放棄」**を定めました。日本国憲法の第二章は「戦争の放棄」で、その第二章にはたった一つの条、第九条しかありません。しかし、**第九条が日本国憲法にとって一番大切な、平和憲法の特質を示す条文**です。

「日本国民は、正義と秩序を基調とする国際平和を誠実に希求し、国権の発動たる戦争と、武力による威嚇又は武力の行使は、国際紛争を解決する手段としては、永久にこれを放棄する」（第九条一項）

「前項の目的を達するため、陸海空軍その他の戦力は、これを保持しない。国の交戦権は、こ

れを認めない」（同二項）

日本国憲法は、日本だけではなく、世界中あらゆる場所での平和をほんとうに願って、戦争を永遠に放棄することを宣言しています。また、「戦争の放棄」だけではなくて、〝満州事変〟（一九三一年）、〝支那事変〟（一九三七年）と称して戦争を通告せずに、日中戦争に突入していったことの反省をふまえて「武力の行使」も禁止するとともに、「武力による威嚇《いかく》」（脅し）も禁止しています。そして、戦争の放棄を宣言するにとどまらず、それを保障する手段として、第二項で「陸海空軍その他の戦力」の不保持を定め、国の「交戦権」を否定しています。ほんとうに徹底した戦争の放棄、平和主義の規定だということができます。

それでは、日本国民の安全と生存をどう守っていくのかということについては、日本国憲法は、その**前文**で、「日本国民は、恒久の平和を念願し、人間相互の関係を支配する崇高な理想を深く自覚」して、「**平和を愛する諸国民の公正と信義に信頼して、われらの安全と生存を保持しようと決意した**」としています。

それにとどまらず、「われらは、**全世界の国民が、ひとしく恐怖と欠乏**（＝戦争やテロ、貧困や飢餓）**から免《まぬ》かれ、平和のうちに生存する権利を有する**」ことも確認し、「日本国民は、国家の名誉にかけ、全力をあげてこの崇高な理想と目的を達成することを誓う」と日本国憲法の前文の最後で強い決意を表明しています。

## （3）基本的人権の尊重

再び戦争の惨禍が起こることがないようにするために、日本国憲法は、**第三に**、「**基本的人権の尊重**」を定めました。

戦前の大日本帝国憲法の下では、国民は「臣民」、すなわち天皇の家来でした。そして、「臣民の権利義務」ということで、天皇の定める法律が認める範囲でしか権利が認められませんでした。しかも兵役や納税といった義務が強調され、「基本的人権」（＝人間らしく生きていく上で必要不可欠な基本的権利）として認められていたわけでは決してありませんでした。当時は、「天皇のために死ぬ」ことが最高の美徳とされ、国民のいのちは「鴻毛《こうもう》（鳥の羽毛）よりも軽し」（軍人勅諭）としてほんとうに軽視されました。

国民の**命**（**いのち、生命**）が軽んじられ、戦争で死ぬことが賛美された戦前の反省に立って、日本国憲法は、**基本的人権の尊重**を基本原理におきました。〝国家による大量殺人〟である「戦争」という人類最大の悲劇を二度と起こさないようにするためにも、人間にとって何よりも大切な**いのち**をかけがえのないものとして大切にすること、国民が主権者として尊重され、人間らしく生きていく上で必要不可欠な権利である基本的人権を保障することが国政上の根幹におかれました。日本国憲法は、「国民は、すべての基本的人権の享有を妨げられない。この憲法が国民に保障する基本的人権は、侵すことのできない永久の権利として、現在及び将来の国民に与えられる」（第一一条）と高らかに宣言しています。

続いて、日本国憲法は、第一二条で、「この憲法が国民に保障する自由及び権利は、国民の不断の努力によって、これを保持しなければならない。又、国民は、これを濫用してはならないのであって、常に公共の福祉のためにこれを利用する責任を負う」と注意を喚起した後、第一三条で、「すべて国民は、個人として尊重される。生命、自由及び幸福追求に対する国民の権利については、公共の福祉に反しない限り、立法その他の国政の上で、最大の尊重を必要とする」としました。つまり、**国政は、すべての国民を個人として尊重することを前提として、国民の「生命、自由及び幸福追求の権利」を最大限尊重しなければならない**こと、すなわち政治というものは、国民のいのちとくらしを守るために、国民の自由を守り広げ、幸福となるようにするためにおこなわなければならないと日本国憲法は言っているのです。

戦前の日本は、天皇を頂点とした階級社会、差別社会でした。多くの農民は半封建的な地主制度の下、小作農として苦しめられました。労働者は労働組合も認められない無権利な状態に置かれ、過酷な搾取にさらされていました。特に女性は、〝男尊女卑〟の思想にもとづき、選挙権・被選挙権は与えられず、結婚して妻になると法的に「無能力者」とされ、何をするにも夫の許可と同意が必要でした。

そうした戦前の差別の反省に立って、日本国憲法は、「すべて国民は、法の下に平等であって、人種、信条、性別、社会的身分又は門地により、政治的、経済的又は社会的関係において、差別されない」（第一四条）と、**法の下の平等**を宣言しました。

また、婚姻や家族関係についても、「婚姻は、両性の合意のみに基いて成立し、夫婦が同等の権利を有することを基本として、相互の協力により、維持されなければならない。②配偶者の選択、財産権、相続、住居の選定、離婚並びに婚姻及び家族に関するその他の事項に関しては、法律は、個人の尊厳と両性の本質的平等に立脚して、制定されなければならない」（第二四条）と定められました。「**両性の本質的平等**」という考え方は、今日の**ジェンダー平等**（ジェンダーとは、社会的・文化的に形成された性差・性別のこと）につながる先駆的なすぐれた考え方です。

戦前の日本では、市民的・政治的自由が基本的に認められていませんでした。労働組合も、治安警察法などにより弾圧をうけました。天皇制を批判したり、私有財産制（資本主義のこと）を否定したりすることは、治安維持法違反であり、その最高刑は死刑でした。国民は何も悪いことをしていなくても、「予防拘禁」ということで捕まえることができました。特高警察をはじめとする公安警察が国民を監視する暗黒社会であり、政府の戦争政策を批判することは許されませんでした。それどころか、教育とマスコミの力も使って、国民は戦争に総動員されていきました。共産党や戦闘的労働組合が徹底的に弾圧され、活動が停止状態に追い込まれ、組織だった批判と抵抗も抑え込まれました。

そうした戦前の苦い経験の反省に立って、日本国憲法は、「思想及び良心の自由」（日本国憲法第一九条）、「信教の自由と政教分離」（同第二〇条）、「集会、結社及び言論その他の一切の表現の自由、検閲の禁止、通信の秘密」（同第二一条）、「居住、移転及び職業選択の自由、外国移住及び国籍離脱の自由」（同第二二条）、「学問の自由」（同第二三条）を保障し、定めました。

また、日本国憲法は、戦前の暗黒政治、野蛮な警察と遅れた司法の反省に立って、具体的でさまざまな権利を基本的人権として保障して、国家権力による国民に対する権利侵害を防ごうとしています。

「国及び公共団体の賠償責任」（第一七条）、「奴隷的拘束の禁止、苦役からの自由」（第一八条）、「法定手続きの保障」（第三一条）、「裁判を受ける権利」（第三二条）、「逮捕の要件」（第三三条）、「抑留・拘禁の要件、弁護人を依頼する権利、不法拘禁に対する保障」（第三四条）、「住居の不可侵」（第三五条）、「拷問及び残虐な刑の禁止」（第三六条）、「刑事被告人の権利」（第三七条）、「自己に不利益な供述、自白の証拠能力」（第三八条）、「遡及処罰の禁止と一事不再理」（第三九条）、「刑事補償」（第四〇条）

戦前の経験からいっても、戦争と貧困は切っても切れない関係にあります。戦前の日本では、労働者や農民をはじめ国民全体が貧しく国内市場が狭隘《きょうあい》であったため、戦前の財閥・資本家階級とその意向を受けた軍部は海外で資源と市場を確保しようと侵略戦争を始めました。そうした反省に立って、戦争につながっていった貧困と失業をなくそうと、日本国憲法は、第二五条で国民の「生存権」を保障し、国の社会保障責任を銘記して、第二七条一項で「勤労権」を保障しました。

**生存権の保障**：「①すべて国民は、健康で文化的な最低限度の生活を営む権利を有する。②国は、すべての生活部面について、社会福祉、社会保障及び公衆衛生の向上及び増進に努めなければならない」（第二五条）

**勤労権の保障**：「すべて国民は、勤労の権利を有し、義務を負ふ」（第二七条一項）

「戦争と貧困は裏表の関係にある」という考え方は、実はＩＬＯ（国際労働機関）の設立の精神でもありました。

ＩＬＯ（**国際労働機関**）は、一九一九年、第一次世界大戦の戦後処理を協議したパリ講和条約において、国際連盟の姉妹機関として設立が合意され、ヴェルサイユ講和条約でその規約が記載され、設立されました。設立されたときに採択された「**ＩＬＯ憲章**」の前文は、「世界の永続する平和は、社会正義を基礎としてのみ確立することができる」とし、「世界の平和及び協調が危うくされるほど大きな社会不安を起こすような不正、困苦及び窮乏を多数の人民にもたらす労働条件が存在し、これらの労働条件を改善することは急務である」と宣言しました。

それから、第二次世界大戦の末期の一九四四年、連合国は、アメリカのフィラデルフィアに集まり、ＩＬＯ（国際労働機関）を国際連盟に代わって新たに作られる国際連合の機関として存続させることを確認し、有名な「**フィラデルフィア宣言**」を発しました。すなわち、「①労働は、商品ではない。②表現及び結社の自由は、不断の進歩のために欠くことができない。③一部の貧困は、全体の繁栄にとって危険である。④欠乏に対する戦いは、各国内における不屈の勇気を持って、かつ、労働者及び使用者の代表が、政府の代表者と同等の地位において、一般の福祉を増進するために、自由な討議及び民主的な決定にともに参加する継続的かつ協調的な国際的努力によって、遂行することを要する」と宣言しました。

引き続いて、ＩＬＯ（国際労働機関）は、一九九九年の総会で、二一世紀におけるＩＬＯの中心的目標として、「**ディーセント・ワーク（働きがいのある人間らしい仕事）**」という概念を提唱しました。ディーセント・ワークの四つの戦略的目標として、①ＩＬＯの中核的な労働基準

（ⅰ．結社の自由及び団結権と団体交渉権の保障、ⅱ．あらゆる形式の強制労働の禁止、ⅲ．児童労働の実効的な廃止、ⅳ．雇用及び職業における差別の撤廃）の尊重と擁護、②良質な雇用（正規雇用、期間の定めのない雇用、無期・直接雇用などの雇用）の確保、③社会保護（職場の安全と社会保障）の拡充、④社会対話（労使の交渉と国を交えた政労使の対話）の促進があげられ、**ジェンダー平等**（男女の社会的平等）がそれらのすべてにつらぬかれなければならないとしています。

日本国憲法は、戦前の労働者の無権利な状態、労働組合に対する過酷な弾圧の反省に立って、〝貧困と失業からの解放〟＝生存権と勤労権の保障にとどまらず、その勤労にあたっての労働条件を法律で定めて人間らしく働けるようにするとともに、労働組合の結成、団体交渉の促進、ストライキ権を保障し、勤労者が基本的人権を享受できるようにしました。労働者に対する勤労権、労働条件の法的保護、労働基本権の保障は、日本国憲法が基本的人権として勤労者（労働者）に保障した憲法上の権利です。

日本国憲法第二七条一項にもとづき、雇用保険法、雇用対策法、職業安定法、高年齢者雇用安定法、障害者雇用安定法などが制定されています。

日本国憲法第二七条二項にもとづく法律が労働基準法であり、労働基準法は「労働条件は、労働者が人たるに値する生活を営むための必要を充たすものでなければならない」（法一条一項）こと、「労働関係の当事者は、労働条件の向上を図るよう努めなければならない」（法一条二項）こと、「労働条件は、労働者と使用者が、対等の立場において決定すべきものである」ことなどを定めています。労働基準法にもとづいて、労働安全衛生法、労働者災害補償保険法、最低賃金法などが制定されています。

日本国憲法第二八条にもとづいて労働組合法が制定され、労働組合法はその目的に「①労働者が使用者との交渉において対等の立場に立つことを促進することにより**労働者の地位を向上させること**、②労働者がその労働条件について交渉するために自ら代表者を選出することその他の団体行動を行うために**自主的に労働組合を組織し、団結することを擁護すること**、③並びに使用者と労働者との関係を規制する**労働協約を締結する**ための**団体交渉をすること**及びその手続きを助成すること」（法一条一項）をあげています。そして、労働組合法では、勤労者の労働基本権を保障するために、①**刑事免責**（法一条二項）と②**民事免責**（法八条）を定めるとともに、使用者による不利益な取扱いや団体交渉の拒否、労働組合への支配介入などを③**不当労働行為**として禁止するとともに、不当労働行為の救済機関として中央労働委員会と都道府県労働委員会からなる**労働委員会制度**を設けました。また、労働組合と使用者の間で結ばれる④**労働協約**に、労働契約や就業規則に対する優先的効力を認めました。

以上見てきたように、**徹底した平和憲法である日本国憲法は、国民主権、戦争の放棄、基本的人権の尊重を定めることによって、「政府の行為によって再び戦争の惨禍が起こることがない」ようにしている**のです。

## 二　日本国憲法の〝最高法規性〟について考える！

わたしたちは、当たり前のように、まるで所与の前提のように、「日本国憲法は日本における最高法規だ」と考えています。でも「日本国憲法はなぜ最高法規なのですか」と聞かれたら答えることができますか？　答えは、「日本国憲法は、主権者である国民に基本的人権を保障する法規だから、最高法規なのだ」ということです。日本国憲法の第一〇章は「最高法規」で、その最初の条文が第九七条です。曰《いわ》く、「この憲法が日本国民に保障する基本的人権は、人類の多年にわたる自由獲得の努力の成果であって、これらの権利は、過去幾多の試錬に堪え、現在及び将来の国民に対し、侵すことのできない永久の権利として信託されたものである」とあります。すなわち、憲法の目的は国民に基本的人権を保障することであり、だから最高法規なのだということを第九七条は言っているのです。

それでは、日本国憲法第九八条一項で言う「憲法の最高法規性」の持つ意味は何でしょうか？　それは、第一に**憲法は、「この国をかたちづくる根本法」だ**ということです。みなさんは、英語で「憲法」のことを何というのか、ご存知でしょうか？

答えは、「Constitution」です。Constitutionという単語は、もともとは、「構造、構成、制定、設立」という意味なので、**憲法とは、国の構造や構成を示す法、国を制定し、設立する法だ**ということになります。だから憲法を変えると、この国の「かたち」が根本から変わってしまいます。自民党の二〇一二年の「日本国憲法改正草案」のように変えると、日本が「戦争しない国・戦争できない国」から「戦争する国・戦争できる国」に変わってしまうのです。「大日本帝国憲法」（明治憲法）から「日本国憲法」にかわって、日本という国がまったく生まれ変わったこと、天皇主権の国で、国民が天皇の臣民（家来）だった国、国民のいのちとくらしが全くかえりみられず、侵略と戦争にあけくれた国から、国民が主人公で、戦争を放棄し、基本的人権が尊重される国に変わったことを想起してください。

そして第二に、憲法と他の法律の違いという点からいえば、「**憲法は政府をしばり、法律は国民をしばる**」ということです。日本国憲法は全一一章一〇三の条文からなりますが、第一一章は「補則」で経過規定ですので、日本国憲法の事実上の最後の章は第一〇章の「最高法規」で最後の条文は第九九条です。日本国憲法第九九条は「憲法尊重擁護義務」を定めた条文で、「天皇又は摂政及び国務大臣、国会議員、裁判官その他の公務員は、この憲法を尊重し擁護する義務を負う」とあります。天皇や大臣、国会議員、裁判官その他の公務員など国や地方自治体に関係する者はすべて日本国憲法を尊重し擁護する義務があることを示す条文です。注意する必要があるのは第九九条には国民が入っていないということです。国民には憲法尊重擁護義務があるのではなくて、国民は天皇以下国に関係する者に憲法尊重擁護義務を果たさせるという役割があるのです。そして、日本国憲法第九七条と第九九条はセットです。最高法規である日本国憲法は、国民の基本的人権を守るために、統治機構にしばりをかけているのです。

すなわち、「**憲法は、主権者である国民の、ときの政府・権力に対する命令書**」です。わたしたちの要求や運動は、根本的には、憲法にもとづく、主権者である国民の、「憲法を守れ！」、「国民の基本的人権を尊重し、保障せよ！」、「憲法第一三条の『幸福追求権』、第一四条の『平等権』、第二五条の『生存権』、第二七条の『労働権』、第二八条の『労働基本権』を保障せよ！」という要求であり、運動だということができます。だから、わたしたちの要求と運動は、最高法規である憲法にもとづく「大義と道理」がある「正義」の要求と運動であり、今は少数に見えるかもしれないが、必ず〝多数派〟となり、〝勝利する！〟ことができる、限りなく〝未来のある！〟要求と運動なのです！　そこにしっかり確信を持って、**〝憲法をたたかいの旗印に高く掲げて**〟たたかいを進めていこうではありませんか！

## 三　日本国憲法は押しつけられたのか？

自民党は、「日本国憲法は、アメリカ占領下で、アメリカに押しつけられた憲法である」、だから日本人自らの手で「自主憲法を制定」しなければならないと言っています。はたして、「日本国憲法は押しつけられたのか？」について、ここで少し考えてみましょう。

①日本は、「ポツダム宣言」（一九四五年七月、ドイツのベルリン郊外のポツダムで、アメリカ、イギリス、ソ連の三カ国の首脳が会談してまとめた日本の降伏条件について定めた共同宣言書）を受け入れて降伏しました。

ポツダム宣言では、ⅰ．日本の軍国主義勢力を永久に除去すること、ⅱ．そのために連合国が日本を占領すること、ⅲ．日本国軍隊を完全に武装解除すること、ⅳ．戦争犯罪人を処罰すること、ⅴ．民主主義的傾向の復活強化に対する障害の除去、言論・信教・思想の自由並びに基本的人権の尊重の確立、ⅵ．日本国国民の自由意思にもとづく平和的傾向を有しかつ責任ある政府が樹立した場合には占領軍が撤退すること、ⅶ．その他、が謳《うた》われていました。

②当時の日本の支配層にはまともな憲法を作る能力も知識もありませんでした。「国体の護持」＝天皇制の維持を至上命題とし、明治憲法の枠内での「改革」でお茶を濁そうとしていました。

③当時の日本政府に任していてはポツダム宣言に沿った憲法はできないと判断した連合軍最高司令官マッカーサーは、ＧＨＱ（General Head Quarters　連合国軍最高司令官総司令部）に、「ⅰ．天皇制の維持、ⅱ．戦争の放棄、ⅲ．封建制度の廃止」の三つの原則を示して、それに沿った憲法草案の作成を指示しました。

④ＧＨＱの民生局は、「国連憲章」、不戦条約、太平洋憲章や各国の憲法を参考にして（民間の「憲法研究会」の憲法草案も参考にしたと言われています）、国民主権にもとづく象徴天皇制、戦争放棄、基本的人権の尊重を原理とする憲法草案を作成しました。

⑤日本政府は、ＧＨＱの示した憲法草案にもとづき、「憲法改正草案」をまとめました。

⑥政府の憲法改正草案は、満二〇歳以上のすべての国民がはじめて選挙権を得て行われた総選挙（＝戦前、女性には参政権がありませんでした。また日本共産党もはじめて公然と国民の前に現れてこの総選挙に参加しました）で選ばれた衆議院議員で構成された衆議院と当時の貴族院で徹底した審議がおこなわれ、かなりの箇所が修正されました。中でも日本共産党が奮闘して国民主権が明記されたこと、社会党の提案で生存権条項が付け加えられたこと、先生たちの請願運動で、小学校までだった義務教育が中学校まで延長されたことは特筆すべきことでした。

⑦政府の「憲法改正草案」は、当時おこなわれた世論調査では、圧倒的多数の国民が支持していました。

以上の諸点を合わせて考えてみれば、①当時の日本政府はまともな憲法改正案を作る能力がなくて、当時の連合軍司令部がポツダム宣言にもとづいて作らざるをえなかったこと（＝「押しつけた」という点で言えば、連合国が、日本が受け入れたポツダム宣言にもとづいて、当時の日本政府に対して憲法改正原案を「押しつけた」と言えます）。そして、②ＧＨＱ案にもとづく政府案を、二〇歳以上のすべての国民が参加した民主的な選挙で選ばれた国会議員（衆議院議員）が、国会で徹底審議をして日本国憲法となり、公布・施行されたこと（＝民主的な手続きに則《のっと》って憲法改正が行われ、日本国憲法は誕生しました。決してアメリカが一方的に押しつけたわけではありません）、そして③それを当時の多くの国民が受け入れ、歓迎したということです。

「押しつけ」ということで言うならば、当時のアメリカ占領軍が、多くの日本国民の意思に反して押しつけたのは、①公務員の労働基本権のはく奪であり、②警察予備隊（のちの自衛隊）の創設であり、③日米安保条約・日米地位協定にもとづく治外法権的存在である在日米軍基地と在日米軍ではないでしょうか！　そして、アメリカの占領下、マッカーサーは、マッカーサー書簡による公務員の労働基本権を不当に侵害する「政令二〇一号」の公布にとどまらず、④二・一ゼネストの中止命令、⑤全国労働組合連絡協議会（全労連）の解散命令、⑥〝レッドパージ〟という職場からの二万人を超す組合活動家の追い出し、⑦「民主化同盟」なる反共・右翼的潮流の育成と「総評」の結成など、日本の労働運動に対する徹底した弾圧と干渉を繰り返しおこないました。

○日本国憲法の章立て
第一章　天皇（第一～八条）
第二章　戦争の放棄（第九条）
第三章　国民の権利及び義務
第四章　国会
第五章　内閣
第六章　司法
第七章　財政
第八章　地方自治
第九章　改正
第一〇章　最高法規
第一一章　補則

○日本国憲法の基本的人権の条文
第一〇条　日本国民の要件
第一一条　基本的人権の享有

第一二条　自由・権利の保持
第一三条　個人としての尊重、生命、自由及び幸福追求に対する権利
第一四条　法の下の平等
第一五条　公務員の選定罷免権、全体の奉仕者としての公務員、普通選挙の保障、投票の秘密の保障
第一六条　請願権
第一七条　国及び公共団体の賠償責任
第一八条　奴隷的拘束及び苦役の禁止
第一九条　思想及び良心の自由
第二〇条　信教の自由と政教分離
第二一条　集会・結社をはじめとする表現の自由、検閲の禁止、通信の秘密
第二二条　居住、移転及び職業選択の自由、外国移住・国籍離脱の自由
第二三条　学問の自由
第二四条　家族生活における個人の尊厳と両性の本質的平等
第二五条　生存権と国の社会保障責任
第二六条　教育を受ける権利、義務教育の無償
第二七条　勤労の権利、勤労条件法定主義、児童酷使の禁止
第二八条　労働基本権の全面的・無条件保障

第二九条　財産権の保障
第三〇条　納税の義務
第三一条　法定手続きの保障
第三二条　裁判を受ける権利
第三三条　逮捕に対する保障
第三四条　抑留・拘禁に対する保障、拘禁理由の開示
第三五条　住居の不可侵
第三六条　拷問及び残虐な刑の禁止
第三七条　刑事被告人の権利
第三八条　自己に不利益の供述の禁止、自白の証拠能力
第三九条　遡及処罰の禁止と一事不再理
第四〇条　刑事補償

# 第二章　日米安保条約と日米地位協定、在日米軍と自衛隊について考える！

**「われわれの望む数の兵力を、日本国内のわれわれの望む場所に、われわれの望む期間だけ駐留させる権利を確保する」**

（日本の独立〔占領の終結〕に際して、日米安保条約における
アメリカ側の交渉担当者だった国務省顧問のダレスの言葉）

**「憲法の上に日米地位協定があり、国会の上に日米合同委員会がある」**

（亡くなられた翁長雄志前沖縄県知事の言葉）

徹底した平和憲法として公布・施行された日本国憲法ですが、戦後長きに渡って（そして今も）アメリカと自民党政府によって敵視され続けてきました。日本国憲法を空洞化させた最大のものが日米安保条約と日米地位協定、それにもとづく米軍基地と在日米軍の存在であり、自衛隊でした。現代の日本において、日米安保条約・地位協定にもとづいて日本国憲法を超越した存在として君臨している、在日米軍基地と在日米軍、そして対米従属の軍隊である自衛隊に

ついて、次に考えてみましょう。

## 一　日米安保条約と日米地位協定及びそれにもとづく在日米軍基地と在日米軍

日本国憲法が施行（一九四七年五月三日）された当時の日本は、アメリカ占領軍の占領下にありました。アメリカ占領軍は、日本国憲法を超越した存在として日本政府と日本国民に対して君臨していました。前述したように、日本国憲法の精神から見れば憲法違反と言わざるをえない二・一ゼネストの中止命令、全国労働組合連絡協議会（全労連）に対する解散命令、マッカーサー書簡にもとづく「政令二〇一号」による公務員の労働基本権のはく奪、二万人を超す労働者が「共産党員とその同調者」として政府機関や民間企業から追い出されたレッドパージなどが強行されました。ポツダム宣言では、「日本国国民の自由に表明された意思に従い、平和的傾向を有しかつ責任ある政府が樹立されたあかつきには、連合国の占領軍は直ちに日本国より撤収されるべし」（ポツダム宣言一二項）とされていましたが、アメリカは日本が独立を回復しても、引き続き占領期と同じように日本にアメリカ軍を配備し続けようと画策をしました。というのも、第二次世界大戦後すぐに、深刻な米ソ対立、アメリカ・ソ連両大国の冷戦が始まり（一九四七年、トルーマン米大統領は「トルーマン・ドクトリン」を発表して、共産圏の封じ込みを宣言し、トルコやギリシャへの軍事援助を始めました）、アジアでは、当初アメリカは、日本については第二次世界大戦の敵国でありその戦争遂行能力を徹底して破壊し、アジアにおける影響力は中国を同盟国として発揮しようとしていました。しかしながら、中国では、毛沢東ひきいる中国共産党が、蒋介石の国民党に勝利し、中華人民共和国の建国を宣言しました（一九四九年、蒋介石は台湾に逃げ出し、中華民国を建国）。一九五〇年には、朝鮮戦争が始まり、朝鮮半島でアメリカひきいる国連軍は韓国軍とともに、北朝鮮・中国軍と戦火を交えました。そうした中で、アメリカはアジア及び対日戦略を一八〇度転換し、引き続き日本にアメリカの軍事基地を置きアジア支配の拠点とするとともに、日本を目下の同盟国にしようとしました。

一九五一年、アメリカのサンフランシスコで、「**サンフランシスコ講和条約**」（日本と連合諸国との講和条約、日本との平和条約）が結ばれ、翌年講和条約が発効し、日本は独立を「回復」します。サンフランシスコ講和条約では、ソ連と東欧諸国は参加していましたが調印せず、中華人民共和国は参加を認められず（台湾の国民党政府は参加・調印）、朝鮮戦争さなかの北朝鮮と韓国も参加していませんでした。

講和条約では、①日本と連合国との戦争状態の終了、②日本国民の主権の回復、③朝鮮の独立の承認、④侵略した領地の放棄とともに、⑤日本が平和的に取得した領土である千島列島が放棄させられ、⑥沖縄と小笠原がアメリカの信託統治の下に置かれることとなりました。

「**日米安保条約**」（旧条約）もサンフランシスコ講和条約締結直後、同じ日に結ばれましたが、日本国民にその内容が知らされることもなく、アメリカ軍の下士官クラブでひっそりと吉田茂全権大使一人がサインして調印しました。

アメリカ陸海空軍及び海兵隊を日本国内及びその周辺に配備することを認め（基地となる土地を特定しておらず、「**全土基地方式**」ということで、アメリカは日本国内のどこにでも米軍基地を提供するよう求めることができ、日本はそれを基本的に拒否できない協定となっていました)、その配備の条件は日米の行政協定で決めるとしてできるだけ国民にその内容を隠そうとしていました。

悪名高き「内乱条項」(アメリカ軍が日本の大規模な内乱及び騒じょうを鎮圧できるとする条項)もありました。日米安保条約におけるアメリカ側の交渉担当者だった国務省顧問のダレスは、日本の独立(占領の終結)に際して、「われわれの望む数の兵力を、日本国内のわれわれの望む場所に、われわれの望む期間だけ駐留させる権利を確保する」ことが目的だと広言していましたが、そのとおりの条約となりました。

旧安保条約にもとづいて結ばれた「**日米行政協定**」(一九五二年)では、巨大な「治外法権」が米軍に保障されました。

①米軍基地内は米軍の排他的管理権(=日本の国内法は適用されず、事実上のアメリカの領土だということ)
②基地の返還時に原状回復と補償は不要(=事実上好きに使い放題)
③米軍の日本国内の移動の自由(=核兵器持ち込みも事実上フリー)
④「航空・通信体系の協調」という名目で、日本の領空は事実上米軍の管制下に
⑤公共役務の利用優先権、気象情報の提供
⑥米軍関係者の日本出入国は自由・ノータッチ
⑦課税の免除、関税・税関業務の免除
⑧資材調達の自由

⑨「公務中」の米軍関係者の犯罪は日本に裁判権がない、「公務外」の犯罪でも日本に逮捕権がない

⑩その他については、「日米合同委員会」を設置して協議（事実上アメリカの言うがまま）

ほんとうにひどい内容でしたが、現行の「**日米地位協定**」（一九六〇年）にほとんどそのまま引き継がれています。

一九六〇年、国民の多数の反対の声をおしきって、**安保条約が改訂**されました。さすがに「内乱条項」は削除されましたが、「全土基地方式」は引き継がれました（第六条）。それに加えて、第二条で「日米経済協力促進」、第三条で「武力攻撃に抵抗する能力の維持、発展」、第四条で「随時協議」、第五条「日米共同対処、行動」が付け加えられ、基地貸与が目的の片務条約から日米間の軍事的、経済的な共同・協力をめざす双務条約の性格が強められました。

○日米安全保障条約の条文

第一条　国連憲章との関係

第二条　日米の経済的協力の促進

第三条　武力攻撃に対抗する能力の維持・発展義務

第四条　日米の安全に対する協議の促進

第五条　武力攻撃に対する共同対処

第六条　アメリカ陸海空軍に対する基地の供与
第七条　国連加盟国たる地位との関係
第八条　批准
第九条　旧条約の失効
第一〇条　条約の終了

○日米地位協定（在日米軍の地位に関する日米協定）の条文
第一条　定義
第二条　施設及び区域……日本全土どこでも基地の使用が認められる。自衛隊基地の使用も同様
第三条　合衆国の権利……提供された基地の排他的管理権を有し、自由に出入りできる
第四条　施設・区域の返還……基地の返還の際、アメリカは原状回復・補償の義務を負わない
第五条　公の船舶・航空機の出入国……民間空港や港湾、高速道路に自由に出入りできる。利用料は免除
第六条　航空・通信の協力……航空管制の優先権を在日米軍に与える
第七条　利用優先権……在日米軍は日本政府の公共事業や役務を優先的に利用できる
第八条　気象業務の提供……日本の気象情報を提供する
第九条　出入国……旅券なしに自由に出入国できる

第一〇条　自動車……日本の運転免許証がなくても運転できる
第一一条　税関……関税や税関検査は免除
第一二条　調達……物品税や通行税、揮発油税、電気・ガス税などは免除
第一三条　課税……租税公課は免除
第一四条　特殊契約者……身分証明を有する指定契約者は免税などの特権を付与する
第一五条　販売……在日米軍は自由にでき、日本は管理できない
第一六条　日本法令の尊重……建前だけ
第一七条　刑事裁判権……「公務中」の事件や事故はアメリカが第一次裁判権を有する
第一八条　請求権・民事裁判権……被害者の補償は公務中の場合は七五％、公務外は示談
第一九条　為替管理
第二〇条　軍票
第二一条　軍事郵便局
第二二条　軍事訓練
第二三条　安全措置
第二四条　経費負担……基地の費用を分担。日本政府は拡大解釈で「思いやり予算」を出している
第二五条　合同委員会……日米合同委員会を設置して、協議する
第二六条　効力

第二七条　改正
第二八条　終期

日米安保条約にもとづく在日米軍について、司法の判断が最初に示されたのは、**砂川事件**（一九五七年、米軍立川基地に入ったデモ参加者二三人が逮捕され、そのうち七人が起訴された政治弾圧事件）でした。

一審の東京地裁の伊達裁判長は、「米軍駐留は憲法第九条に違反する」との画期的な判決を下しました（一九五九年）。伊達判決を受けて危機感を持ったアメリカは、総力を挙げて巻き返しをおこない、それに自民党、外務省、法務省、最高検察庁、自衛隊などが全面協力をおこないました。

砂川事件は東京高裁を飛び越えて最高裁に跳躍上告され、最高裁は、一九五九年の年末、東京地裁伊達判決を破棄する不当判決を言い渡しました（このとき、アメリカの駐日大使マッカーサー＝マッカーサー司令官の甥と最高裁長官田中耕太郎が二度に渡って密談をおこない、田中がマッカーサーに最高裁の審議状況や判決の見通しを伝えたことが、その後のアメリカの解禁機密文書で明らかにされました。この時点で、**日本の司法の独立は崩壊し、最高裁は憲法の番人としての役割を放棄**していたのです）。

最高裁判決の要旨は、以下のようなものです。

①憲法九条二項がその保持を禁止した「戦力」とは、「わが国が主体となって指揮権・管理権

を行使し得る戦力を意味する。だから、わが国に駐留する外国の軍隊は、憲法九条二項が保持を禁止した戦力にはあたらない」すなわち、**日本に駐留する外国軍隊は、日本国憲法の枠外の治外法権的な存在だ**ということ。

②「日米安保条約」は、わが国の存立の基礎にきわめて重大な関係を持つ高度の政治性を有するものだ。その内容が違憲か合憲かの法的判断は、その条約を締結した内閣と、それを承認した国会の高度の政治的、自由裁量的判断と表裏一体をなしている。それゆえ、違憲か合憲かの法的判断は、純司法的機能をその使命とする司法裁判所の審査には、原則としてなじまない（＝悪名高き「**統治行為論**」）。だから、一見きわめて明白に違憲無効であると認められない限りは、裁判所の司法審査権の範囲外のものである。**日米安保条約については司法判断をしない！**

③米軍の駐留は、憲法九条、九八条二項、前文に適合こそすれ、これらの条章に反して違憲無効であることが一見きわめて明白であるとは、到底認められない。**米軍の駐留は憲法違反ではない**（安保条約については司法判断をしないという②と、米軍の駐留は九条違反ではなく合憲だとする③は明らかに論理矛盾しています！）。

「在日米軍は憲法九条の戦力にあたらないし、在日米軍の駐留は合憲だ」、「日米安保条約とそれにもとづいて駐留している米軍に司法審査は原則として及ばない」と判じた砂川事件の最高裁判決は、「**日米安保条約と日米地位協定は、憲法に対して優越的地位を持っている**」、「**米軍基地と在日米軍は治外法権の存在だ**」ということを認めたようなものであり、**司法の独立が崩壊し、「憲法の番人」としての最高裁判所の役割を放棄**したものだということができます。

このときの最高裁の司法判断が、普天間基地撤去・辺野古沖米軍基地建設問題など沖縄の基地問題をはじめとするすべての米軍基地問題・米軍犯罪問題、その解決の困難性につながっています（＝司法は一切頼りにならない！）。ＪＡＬ争議や一連の派遣切り裁判の判決に見られる司法の反動的体質（＝労働者・国民の権利を擁護しようとはせず、権力や大企業に迎合的なその体質）も、この判決が大きく影響しています。

## 二　政府の九条解釈の変遷

### (1) 日本国憲法制定当時の政府の憲法解釈

日本国憲法制定当初、政府の九条解釈は、ごく当たり前のすなおな憲法解釈（＝一項で、戦争を、武力による威嚇も行使も含めて放棄し、二項で、陸海空軍その他の戦力の不保持を決めるとともにと交戦権も否定した）をしていました。

「第九条二項において、一切の軍備と国の交戦権を認めない結果、自衛権の発動としての戦争も、交戦権も放棄したものであります」（一九四六年六月の「大日本帝国憲法」の「改正」を議論した本会議における吉田茂首相〈当時〉の答弁）

「（憲法九条の説明をした後で）しかし、みなさんは、けっして心ぼそく思うことはありません。日本は正しいことを、ほかの国よりさきにおこなったのです。世の中に、正しいことぐらい強いものはありません」（一九四七年に文部省が作った中学一年用の社会科の教科書の記述、一九五二年まで使われました）

## （２）安倍内閣の集団的自衛権行使容認の閣議決定（二〇一四年）までの自民党政府による解釈改憲の変遷

①一九五〇年代の九条解釈の変更（＝解釈改憲）——個別的自衛権行使の容認と自衛隊「合憲」

一九五〇年に朝鮮戦争が勃発し、連合軍最高司令官マッカーサーは「警察予備隊」の創設を日本政府に指示します。警察予備隊は、一九五二年の「保安隊」への名称変更を経て、一九五四年に防衛庁（現在の防衛省）が設置され、陸海空自衛隊の発足で発展的解消をしました。

一九五五年に「保守合同」（＝当時の日本民主党と自由党が合同）で、自由民主党（自民党）が結党されます。自民党の結党時に採択された「党の使命」で「日本国憲法と戦後民主主義が〝日本の弱体化の一因〟」と悪罵し、同じく「党の政綱」では「現行憲法の自主的改正と自衛軍備」を掲げていたことにみられるように、自民党の結党は憲法改正を目的としたものでした（＝保守合同した自民党で改憲発議に必要な「各議院の総議員の三分の二以上」の議席を得る）。ところが、当時の鳩山自民党内閣は、一九五五年の総選挙と一九五六年の参議院選挙で憲法改正に必要な衆参両議院で三分の二以上の議席を獲得することができず、明文改憲の試みは頓挫《とんざ》することになります。

そこで、憲法九条の解釈を変更（解釈改憲）して、自衛隊の「合憲」化が企まれます。「日本国憲法は、戦争を放棄したが、自衛のための抗争は放棄していない。…自国に対して武力攻撃が加えられた場合に国土を防衛する手段として武力を行使することは、憲法に違反しない」（一九五四年、鳩山一郎内閣の国会答弁）

「憲法第九条は、独立国としてわが国が自衛権を持つことを認めている。自衛隊のような自衛のための任務を有し、かつ、その目的のため必要相当な範囲の実力部隊を設けることは、何ら憲法に違反するものではない」（上同）

憲法が禁止する「個別的自衛権」の行使を「合憲」だと強弁し、その行使のための「自衛力の保持」を正当化しました。九条のもとでも〝許される〟＝「自衛力」と〝許されない〟＝「戦力」の違いについては、「自衛のための必要最小限」か否かだと言い放ちました。

②一九九〇年代の九条解釈の変更（＝解釈改憲）——自衛隊の海外派兵は「合憲」

一九九一年に起きた湾岸戦争で、日本はアメリカを中心とした多国籍軍に一一〇億ドル、湾岸周辺国に二〇億ドルの財政支援をおこないましたが、自衛隊を憲法上の制約で派遣しませんでした。これがのちに自民党のトラウマ（心的外傷）になったと言われています。翌一九九二年に、自民党は、「PKO法」を成立させ、「国連の平和維持活動」（PKO）に自衛隊を派遣することを可能にしました。

一九九七年に、日米両政府は、「新ガイドライン」（新「日米防衛協力の指針」）を合意します。「新ガイドライン」では、日米安保条約の射程範囲を安保条約六条でいう「極東」をはるかに拡大して「アジア・太平洋地域」まで拡大しました。

一九九九年には、「周辺事態法」が制定され、「周辺事態」（＝「そのまま放置すれば我が国に対する直接の武力攻撃に至るおそれのある事態等、我が国周辺の地域における我が国の平和及び安全に重要な影響を与える事態」）に際して、戦闘行為をおこなっている米軍に対し、自衛隊が物資の補給・輸送、医療、通信などの「後方支援」ができると定められました。

二〇〇一年の「同時多発テロ」、アフガン戦争のときには、当時のアーミテージ米国務副長官に、「ショー・ザ・フラッグ（＝日の丸を見せろ！）」と脅されて、「テロ特措法」が制定され、海上自衛隊の自衛艦がインド洋アラビア海へ派遣され、米戦艦の洋上給油などをおこないました。それが戦時における初めての自衛隊の海外派兵となりました。

引き続いて、二〇〇三年のイラク戦争では、同じくアーミテージ米国務副長官に、「ブーツ・オン・ザ・グラウンド（＝地上軍を派遣せよ！）」と脅され、「イラク特措法」が制定されて、陸上自衛隊や航空自衛隊がイラクに派兵され、給水活動や米軍をはじめとする多国籍軍の空輸活動をおこないました。

③安倍内閣の集団的自衛権行使容認の閣議決定（二〇一四年）までの自民党政府による解釈改憲の到達点

二〇一四年に安倍内閣が集団的自衛権行使容認を閣議決定するまでの自民党政府の日本国憲法第九条の解釈（による改憲）をまとめると、

ⅰ．自国を防衛するための必要最小限の実力組織である自衛隊は憲法に反しない。
ⅱ．「専守防衛」に徹する。
ⅲ．自衛権の発動としての武力の行使は厳格な要件（＊）のもとでのみ認められる。

ⅳ．その自衛権はわが国を防衛するための必要最小限度にとどまり、**集団的自衛権を行使することは、その範囲を超え憲法上許されない**。

ⅴ．武力行使を目的とする自衛隊の海外「派兵」は憲法上許されず、武力行使を目的としない海外「派遣」でなければ自衛隊は海外に出てはならない。

ⅵ．自らは直接武力行使をしていなくても他国の武力行使と一体と見られてはならない（＝「武力行使一体化禁止論」）。

ⅶ．その他、「**武器輸出三原則**」（イ．共産圏、国連決議により武器禁輸措置がとられた国及び紛争地域への武器輸出の禁止、ロ．それ以外の地域についても武器輸出を慎む、ハ．武器製造関連設備についても武器に準じた扱いをする）、「**非核三原則**」（核兵器を「持たず」、「作らず」、「持ち込ませず」）、「**防衛費のＧＤＰ一％枠**」なども定められていました。

（＊）自衛権発動の三要件＝①わが国に対する急迫不正の侵害があること、②これを排除するために他の適当な手段がないこと、③必要最小限の実力行使にとどめること。

これらは、憲法を擁護し、平和と民主主義を求める広範な労働者・国民の「自衛隊は違憲だ！」、「自衛隊の海外派兵は許されない！」の世論と運動とのせめぎ合いのなかで、作り上げられてきたものです。

## 三　安倍内閣による解釈改憲クーデター＝戦争法の制定

「憲法改正がわたしのライフワークだ」と豪語する安倍首相が登場して、自民党の憲法改正をめざす動きと解釈改憲の内容は、新たな段階に突入しました。

二〇〇六年に誕生した第一次安倍内閣は、教育基本法の改正、防衛庁の防衛省への昇格、国民投票法（日本国憲法の改正手続きに関する法律）制定などを矢継ぎばやに行いました。

二〇〇七年の参議院選挙における自民党の惨敗を受けて、安倍首相は「健康」問題を口実に退陣しますが、福田、麻生と自民党内閣のたらい回し、民主党政権の誕生と失速の後、二〇一二年末に安倍内閣が復活します。

第二次安倍内閣は、ただちに「戦争する国、戦争できる国」をめざしての大暴走を再開します。国民の知る権利を著しく侵害する弾圧法規である「秘密保護法」を制定し、戦争をするときの指導部となる「国家安全保障会議（日本版ＮＳＣ＝National Security Council）」の設置を強行しました。「積極的平和主義」を標榜し、中国の台頭と米国の力の低下のもとで、日本がもっと軍事的に能動的に行動していこうとしました。

また、「武器輸出三原則」を見直して、武器輸出を積極的に進める「防衛装備移転三原則」（＝ⅰ．国連安保理決議の違反国や紛争当事国には移転しない（それ以外はＯＫ！）、ⅱ．武器移転を前提とした一定の限定と審査及び情報公開、ⅲ．目的外使用並びに第三国移転に係る適正管理の確保）を定めました。そして翁長知事、続く玉城デニー知事を先頭にした〝オール沖縄〟の声をふみにじっての辺野古沖米軍新基地建設をきわめて強権的に進めています。

二〇一四年七月、安倍内閣は集団的自衛権行使容認の閣議決定を行い、自衛隊の強化と日米安保体制の強化を前提として、「積極的平和主義」の下、〝切れ目のない対応〟を可能とする国内法制の整備に乗り出します。

①「武力攻撃に至らない侵害への対応」として、純然たる平時でも有事でもない事態として「グレーゾーン」を設定し、自衛隊の治安出動や海上警備活動への積極的関与や米軍部隊防護のための武器使用を可能にし、

②「国際社会の平和と安定への一層の貢献」として、「武力行使の一体化」の要件を緩和（＝これまで後方支援活動は、「非戦闘地域」での活動に限定されてきたが、「戦闘現場」以外なら可能にし、海外での武器使用の要件（i．自己保存のための必要最小限の武器使用に限るとしてきたものを、ii．駆けつけ警護に伴う武器使用、iii．任務遂行のための武器使用、iv．邦人救出のための武器使用）もOK！　としました。

③そして、これまでの憲法九条の解釈を根本的に転換して、「憲法九条の下でも『集団的自衛権』の行使が可能とする」解釈の変更（解釈改憲）を強行しました。

曰く、「今回、『我が国に対する武力攻撃が発生した場合』のみならず、『我が国と密接な関係にある他国に対する武力攻撃が発生し、これにより我が国の存立が脅かされ、国民の生命、自由及び幸福追求の権利が根底から覆される明白な危険がある場合』（＝「**存立危機事態**」）において、これを排除し、我が国の存立を全《まっと》うし、国民を守るために他に適当な手段がないときに、必要最小限の実力を行使することは、従来の政府見解の基本的な論理に基づく自衛のための措

置として、憲法上許容されると考えるべきであると判断するに至った」と。

しかし、「具体的にどのような場合が『存立危機事態』なのか?」と問われても、「現実に発生した事態の個別的状況に即して、政府がすべての情報を統合して客観的、合理的に判断する」（安倍首相）という答弁であり、結局、「政府が判断する」ということであり、事実上はフリーハンドです。

二〇一五年四月、日米両政府は、新しい「日米防衛協力のための指針」（新「ガイドライン」）を確認します。集団的自衛権の行使（米国などの武力行使への共同対処）を明記するとともに、地球規模で自衛隊が米軍に協力し、従来の「戦闘地域」まで行って軍事支援をすることもうたいました。

翌五月、安倍内閣＝自公連立政権は、いわゆる戦争法案、「平和安全法制」なる一一本に及ぶ法案を閣議決定し、集団的自衛権容認の閣議決定と日米新「ガイドライン」を具体化する法案を国会に上程しました。

二〇一五年九月、安倍内閣は、広範な戦争法反対の世論と運動をおしきって、戦争法の成立を強行しました。戦争法は、自衛隊の海外での武力行使とアメリカと一体になって戦争する（＝集団的自衛権の行使）ことを可能にするものです。これによって、日本が「戦争しない国、戦争できない国」から「戦争する国、戦争できる国」になってしまったといっても過言ではありません。こうした日本の国のあり方を根本から大転換するようなことを、一内閣の憲法解釈の変更というクーデター的手法で行うことは絶対に許されません。日本の立憲主義（＝法律は憲法という枠の範囲の中で作られ、政治は憲法の枠の範囲の中で行われなければならない）を根底から破壊する暴挙といわねばなりません。

日本共産党は、戦争法の強行成立直後ただちに、「戦争法廃止で一致する政党・団体・個人が共同して『国民連合政府』をつくろう」と呼びかけましたが、立憲主義と憲法の平和主義を回復する、日本を「戦争しない国、できない国」にもどしていくためにも、戦争法の廃止は急務です。

## 四　安保条約の廃止、在日米軍基地の撤去を！
## 日本国憲法にもとづいて国民のいのちと平和を守ろう！

一九四五年の日本の敗戦・終戦から七五年経ち、一九五二年に日本が独立を回復してからも六八年経ちました。しかし、いまだに占領軍としてやってきたアメリカ軍は、日本全土に軍事基地をはりめぐらし（首都東京にも広大な横田基地が存在し、沖縄はアジア最大のアメリカ軍基地であり、ベトナム侵略戦争やイラク戦争の際は出撃基地となりました）、日本の領土、領空や領海をほしいままに踏みにじり、治外法権をいいことにアメリカ軍とアメリカ兵は無法の数々をおこなってきました。独立国であるはずの日本がこんな屈辱をいつまで味あわなければならないのでしょうか。

幸い、現行の日米安保条約では、「この条約が一〇年間効力を存続した後（＝一九七〇年以降）は、いずれも締結国も、他方の締結国に対しこの条約の終了を通告することができ、その場合には、この条約は、そのような通告が行なわれた後一年で終了する」（第一〇条）となっていて、一方的な通告で条約を終了させることができます。

安保条約を一日も早く廃止して（具体的には、国民の中で日米安保条約をなくす多数派を形成し、その力で国会でもそれを多数として、それにもとづき日米安保条約の廃棄を通告できる政府を作って）、在日米軍と基地を撤去させ、軍事的な支配にもとづく恫喝と脅迫の関係ではなくて、真の独立を回復し、対等・平等な日米関係をつくりあげようではありませんか。

日本国憲法前文では、わたしたち「日本国民は、恒久の平和を祈願し、人間相互の関係を支配する崇高な理想を自覚するのであって、**平和を愛する諸国民の公正と信義に信頼して、われらの安全と生存を保持しようと決意**した」とあります。そして、「われらは、平和を維持し、専制と隷従、圧迫と偏狭を地上から永遠に除去しようと努めている国際社会において、名誉ある地位を占めたいと思う」、「われらは、全世界の国民が、ひとしく恐怖と欠乏から免かれ、平和のうちに生存する権利を有することを確認する」とも言っています。前文の最後では、「日本国民は、国家の名誉にかけ、全力をあげてこの崇高な理想と目的を達成することを誓う」と決意ものべています。

今こそ、日本国憲法の精神に立ち返って、わたしたちは、全世界の人々が「ひとしく恐怖と欠乏から免かれ、平和のうちに生存する権利を有する」ことを確認し、「平和を愛する諸国民の公正と信義」を信頼して、日本に住むすべての人々のいのちとくらし、安全・安心を守っていこうではありませんか。その崇高な理想と目的を達成するために全力で奮闘していこうではありませんか。

アメリカにその創設を押しつけられた自衛隊は、どこから見ても日本国憲法第九条が「保持しない」とした「陸海空軍その他の戦力」にあたることは明らかです。自衛隊員のみなさんについては、国民と本人の合意と納得にもとづいて、災害救助隊をはじめさまざまな国民のいのちとくらしを守る公務員に転任していってもらおうではありませんか。日本国憲法にもとづいて、国民のいのちとくらし、安全・安心を守っていく決意を固め、その国民的な合意を形成していくことが必要です。

# 第Ⅱ部　資本主義社会と労働者・労働組合

## ～賃金・労働時間、いのちと健康、そして雇用

# 第三章　わたしたちが生きている社会＝資本主義社会とはどういう社会か？

**心で見なくちゃ、ものごとは良く見えないってことさ。かんじんなことは目に見えないんだよ。**

（＝It is only with heart that one can see rightly. What is essential is invisible to the eye.)

（サン・テグジュペリ「星の王子様」より）

カール・マルクス（一八一八年ドイツ生まれ～一八八三年没、科学的社会主義者の創始者であり、国際労働運動の偉大な指導者）の『資本論』第一部が発行されたのは、一八六七年九月で今から一五〇年以上も前の年です。一八六七年の日本と言えば、徳川慶喜が大政奉還を行った年で明治維新の前夜でした。マルクスは「近代社会の経済的運動法則を暴露することがこの著作（資本論のこと）の最終目的である」と言っていますが、わたしたちが生きている社会＝資本主義社会の運動法則を解明したのがマルクスの『資本論』です。

マルクスの『資本論』を手がかりに、わたしたち労働者が生きている社会＝資本主義社会について、「資本主義社会とはどういう社会なのか？」考えてみましょう。

ちなみに、〝資本主義社会〟という言い方の名付け親はマルクスです。マルクスの『資本論』

が発行されて以降、それまで〝近代社会〟や〝市民社会〟と呼ばれていた現代社会は、次第に資本主義社会と呼ばれるようになりました。

## 一　資本主義社会とはどういう社会か？（その一）万事金がものをいう社会

資本主義社会は、言うまでもなく「万事金がものをいう社会」です。なぜ、「お金」がものをいう＝幅を利かせているのでしょうか？　資本主義社会では、人にとって必要なものは「商品」として生産されます。「商品」とは「売る」ことを目的として作られるもの（＝労働生産物）であり、人にとって必要なものを売るために生産することを「商品生産」といいます。**資本主義社会は、「商品生産」が発展し、商品生産が全面的に行われている社会**です。そして、わたしたち労働者が生きていく上で必要な「商品」を手に入れるには「お金」が必要であり、だから万事金がものをいうのです。

それでは、わたしたち労働者は、必要な商品を買う「お金」をどのようにして手に入れるのでしょうか？　わたしたち労働者は、自らの「働く力」（＝労働力）を商品として資本家に売って、必要な「お金」（＝賃金）を手に入れます。

別の言い方をすれば、**資本主義社会とは、「生産手段」**（＝土地・建物、機械・道具や原材料のこと）**を所有する「資本家」**（＝会社、経営者、使用者のこと）**が、生産手段を持たずに、自分の労働力**（＝働く力、働くことのできる能力）**を売るしかない労働者の労働力を買って**（＝雇って）**、商品を生産する社会だ**ということができます。

## 二　資本主義社会とはどういう社会か？（その二）金もうけが目的、最優先の社会

資本家が労働者を雇って商品を作るのは「金もうけ」が目的です。「もうけ」のことを経済学的には「剰余価値」あるいは「利潤」と言いますが、資本主義社会における生産の目的は、剰余価値の生産であり、利潤の獲得です。

それでは、資本家はどのように「もうけ」を作り出し、手に入れるのでしょうか？　それは「労働者を働かせて」です。資本家は、労働者を雇って、働かせ、商品を作って、労働者に賃金を払います。しかし、労働者は一日働けば、労働力の一日分の価値以上の新たな価値を作り出し、新商品に付け加えます（そうでないと労働者を雇って商品を作る意味がありません）。労働者の賃金である労働力の価値と、労働者が新たに作り出した価値との差額が、資本家の「もうけ」（剰余価値）となります。（＊1）

（＊1）原材料の価値や機械の価値の摩滅分は、そのまま新商品の価値に移転します。

| |
|---|
| 労働力の価値 ＜ 労働者が労働して新たに作り出した価値 |
| 労働者が労働して新たに作り出した価値 － 労働力の価値 ＝ 剰余価値 |

わたしたち労働者が生きている社会＝資本主義社会では、労働者が働いて作り出したもの（労働生産物）は、働いた労働者のもの（所有）とはならずに、資本家のもの（所有）になります。つまり、資本主義社会におけるもうけ（剰余価値）の源泉は、資本家が労働者の作り出した商品を独り占めすること、**すなわち資本家による労働者の搾取**（しぼりとること）です。**資本主義社会は、資本家階級が、労働者階級**

**を搾取する階級社会だ**と言うことができます（＊2）。

（＊2）階級と階級闘争
階級…社会において経済的利害・地位などを同じくする人間集団。基本的には、その社会における生産に対する関係の違いから生じる。資本主義社会においては、生産手段を所有し、労働者を雇用する資本家階級と、生産手段を所有せず、資本家に雇用されて働かざるをえない労働者階級に大きく分かれる。他に、農民や漁民、自営業者がいる。
階級闘争…それぞれの階級の間で、社会的・経済的利害の根本的対立から生じる闘争。資本主義社会では、賃金や労働時間、労働強化をめぐる対立とたたかい、あるいは格差や貧困の是正をめぐる対立と闘争として現れる。

金もうけが目的の資本主義社会で、そのもうけを増やすにはどうするのでしょうか？　資本家は、労働者を**できるだけ低賃金で**、**できるだけ長時間働かせれば**、もうけを増やすことができます。また、「**合理化**」**や労働強化をして**も、もうけを増やすことができます。したがって、金もうけが目的の資本主義社会では、経済法則として、「労働者の賃金は下がり、労働時間は長くなっていく」のです。

資本主義社会における、資本家（会社・経営者）と労働者は、〝雇用と被雇用〟、〝搾取と被搾取〟という関係にありますが、法律的には対等・平等だと〝擬制〟されます（＝看做《みな》されるが、実際はそうではない）。労働基準法では、「労働条件は、労働者と使用者が、対等の立場において決定すべきものである」（法二条一項）とされており、労働契約法では、「労働契約は、労働者及び使用者が対等の立場における合意に基づいて締結し、又は変更すべきものである」（法三条一項）とされています。つまり、対等で〝あるべきもの〟ですが、実際はそうではないのです。実際には、資本家が〝圧倒的な力〟を持っています。就職活動のときには、労働者の誰を採用するのかは資本家（会社）の自由ですし、労働の現場では、業務命令に従うことを前提に仕事が進められます。資本家（会社）の圧倒的な力に対抗するには、労働者は労働者の持つ唯一の社会的力である〝**数の力**〟（＝人数という点では労働者が資本家を圧倒していること）を発揮して対抗するしかありません。

すなわち、わたしたちが生きている社会＝資本主義社会では、わたしたち労働者は、団結してたたかわなくては、資本家と対等・平等にならないし、わたしたちのいのちと生活も守ることができないということです。**労働組合とは、労働者が団結して、資本や権力の搾取や収奪、支配と抑圧とたたかって、労働者の生活と権利、雇用を守り、労働者の切実な要求の実現をめざす組織**なのです。

## 三　資本主義社会とはどういう社会か？（その三）格差と貧困が広がる社会

第三に、資本主義社会は、「格差と貧困が広がる社会」です。資本主義社会では、資本家と労働者の間の格差が広がり、労働者の間で貧困が広がります。資本家は、労働者が働いて作り出した商品を独り占めすることによってもうけを独占します。他方で資本家は、労働者の賃金を抑え込こもうとします。マルクスは「資本が蓄積されるにつれて、労働者の報酬がどうあろうと——高かろうと低かろうと——労働者の状態は（資本家に比べて）悪化せざるをえない」、「（資本家階級における）富の蓄積は、同時に、その対極における（労働者階級の）貧困、労働苦、奴隷状態、無知、野蛮化、及び道徳的退廃の蓄積」（『資本論』第一部）だといっています。

マルクスが『資本論』の第一部を発刊してから一五〇年経った日本と世界の現実は、そのことを如実に現しています。ソフトバンクの孫正義やユニクロの柳井正など日本の富裕層上位四〇人の持つ金融資産は、アベノミクスの七年間（二〇一二年→二〇一九年）で倍増し、平均四〇〇億円・総計で一五兆九二六〇億円、日本の人口の下半分の六〇〇〇万人が持つ資産と同じとなりました（何と格差は一五〇万倍！）。その一方で日本の貧困率は一五・六％で、国民の六人に一人が貧困にあえいでいます（貧困ラインは年収一二二万円以下）。ワーキングプアと呼ばれるまじめに働いても貧困状態から抜け出せない年収二〇〇万円以下の労働者は、労働者の五人に一人、一一〇〇万人を超えています。アメリカでは、マイクロソフトのビル・ゲイツ、アマゾンのジェフ・ベゾス、投資家のウォーレン・バフェットの三人が持つ資産は二四八五億ドル（二八・二兆円）で、アメリカの人口の下半分の一億六〇〇〇万人が持つ資産と同じです。世界では、最も豊かな八人が世界の貧しい半分の三六億人に匹敵する資産を所有していると言われています。世界では、五人に一人・一二億人もの人々が一日一ドル未満（一一〇円程度）で生活し、約半数は二ドル程度です。八・三億人もの人が飢餓状態にあえいでいます。

## 四　資本主義社会とはどういう社会か？（その四）定期的に不況や恐慌が襲う社会

第四に、資本主義社会は、「**定期的に不況や恐慌が襲う社会**」です。不況や恐慌になれば、企

イギリスの小話〜不況で石炭会社を解雇された父親と子供の会話〜
「お父さん、寒いよ。お父さん、どうして家（うち）は石炭を買えないの？」
「息子よ、石炭があり余っているからだ！」

業の倒産や労働者の解雇・失業といった労働者にとって深刻な問題が発生します。一九二九年の世界大恐慌、一九七三年のオイルショック、一九九三年のバブルの崩壊による不況、一九九七年の消費税五％増税による不況、二〇〇八年のリーマンショック・派遣切りなど、数々の不況や恐慌を私たちは体験してきました。

資本主義社会における不況や恐慌は、これまで人類が体験してきた自然災害や飢餓・飢饉と違って、人に必要なもの（商品）が無くて、あるいは足りなくて困るということではなくて、逆に**もの（商品）があり余って困るという現象**です。つまり、生産に対して消費が追いつかない、労働者・国民の中に貧困が広がって、生産された商品を買うことができないために起きる現象です。「格差と貧困の問題」とともに、わたしたちが生きている社会＝資本主義社会の寄生性・腐朽性を端的に示しているのが、不況と恐慌の問題です。

## 五　『資本論』学習のすすめ

ここで、わたしが『資本論』をどう学んできたかを紹介し、読者のみなさんの『資本論』学習の参考にしていただければと思います。

わたしの『資本論』学習のスタートは、学生時代の一回生の時に、所属していたサークル「労働問題研究会」の例会での、新日本出版社の新書『経済学（上・下）』の読書会でした。上巻が金子ハルオ先生の『資本論』体系にもとづく入門書、下巻が林直道先生のレーニンの『帝国主義論』にもとづく現代資本主義論の入門書でした。それから当時（一九七〇年代）は社会科学系の学生は『資本論』に挑戦して当然といった雰囲気でしたので、『資本論』に挑戦しました。新日本出版社の『資本論講座』の上下巻を手がかりにしながら、兎にも角にも『資本論』全巻を一読しました。その間に、見田石介先生の『資本論の方法』や久留間鮫造先生の『価値形態論と交換過程論』『恐慌論研究』などを読みましたが、『資本論』を理解するのに役に立ちました。

『資本論』（特に最初の価値形態論）は初学者にはむずかしいし、とっつきにくいところがあると思います。日本には、優れた『資本論』の入門書や解説書がたくさんあります。そうしたものを読んで大体の辺りをつけた上で『資本論』に挑戦するというやり方が最初は有効じゃないかと思います。平野喜一郎先生の『入門講座「資本論」を学ぶ人のために』をまず通読し、それから不破哲三さんの『「資本論」全三部を読む』（全九巻）を読みながら（どちらも新日本出版社）、『資本論』に挑戦するというやり方がいいんじゃないかと思います。不破哲三さんの最近の『資本論』研究の諸著作は、『資本論』を深く理解する上で役に立つと思います。もちろん、各地方の学習協の『資本論』講座を受講するのは有益だと思いますし、可能なら職場や地域の仲間で読書会をするのがいいと思います。

当たり前のことですが、入門書や解説書だけでわかったつもりにならず、『資本論』そのものを繰り返し何度も読んで理解を深めることが重要です（一回読んでわからないところがたくさんあっても気にする必要はありません。次第にわかっていくものです）。その際、わたしは、きちんとノートをとって要約をする、章毎に何が書いてあるのか小論文を書いてまとめるというやり方をしましたが、それは理解を深める上で有効だったように思います。

それと常に「『資本論』をたたかいに生かす」という姿勢で努力をすることが大切です。わたしの場合、一九八〇年代後半から九〇年代前半にかけて生協労連における職能給導入反対闘争が、『資本論』学習の一つの画期となりました。職能給導入論者の一人がわたしに「職能給は未来を先取りした制度だ。マルクスの『ゴータ綱領批判』でも「社会主義段階では、〝能力に応じて働き〟労働に応じて〝受け取る」となっているではないかと議論を吹っかけてきました。わたしは、マルクスの『資本論』や『賃労働と資本』『賃金、価格、利潤』などを徹底的に勉強し直して、「職能給・職能資格制度について考える」「生協労働者のためのやさしい賃金論」などの論文にまとめて反論しました。資本主義社会批判、労働組合論、賃金闘争、労働時間短縮闘争、「合理化」反対闘争、失業と貧困・不況と雇用問題、非正規労働者問題などさまざまなたたかいに、『資本論』を〝導きの糸〟として活用してきました。この間の経験では、『資本論』学習会の講師やチューターをする、『資本論』で学んだことにもとづいて論文を書くことが、『資本論』を深く学ぶことにつながったように思います。

マルクスは、『資本論』の読者に「学問にとって平坦な大道はありません。学問の険しい小道をよじ登る労苦を恐れない人々だけが、その輝く頂上にたどりつく幸運に恵まれるのです」（『資本論』フランス語版への序言とあとがき）と脅しもしますが、「新たなものを学ぼうとし、したがってまた自分自身で考えようとする読者を想定している」（『資本論』初版への序言）と励ましてもいます。日本共産党中央委員会社会科学研究所監修の『新版資本論』の刊行も始まっています。より読みやすい、わかりやすいものになっていると思います。本書の読者のみなさん、『資本論』に挑戦してみませんか！

# 第四章　労働組合入門〜マルクス「労働組合〜その過去、現在、未来」と日本国憲法における労働基本権の無条件・全面保障に学ぶ！

「万国の労働者、団結せよ！」

（カール・マルクス、フリードリッヒ・エンゲルス起案の「共産党宣言」・一八四八年より）

「成功の一つの要素を労働者は持ち合わせている――人数である。だが、人数は、団結によって結合され、知識によって導かれる場合にだけ、ものをいう」

（マルクスが起草した「国際労働者協会創立宣言」・一八六四年より）

## 一　カール・マルクス「労働組合〜その過去、現在、未来」

マルクスは、単なる理論家・学者ではなく、極めて優秀な活動家・実践家であり、何よりも革命家でした。また、マルクスは世界最初の労働者・労働組合の国際組織であるインターナショナル（国際労働者協会、一八六四年〜一八七二年）の指導者として活躍し、インターナショナルの中にあった労働組合不要論や賃金闘争有害論とたたかい、それらを克服・一掃しました。「八時間労働」制を、全世界の労働者階級の共通の綱領として提起したのもマルクスでした。マルクスは、まさしく「国際労働運動の父」と言うことができます。マルクスが一八四八年に起草した「共産党宣言」も、一八六四年に起草した「国際労働者協会創立宣言」も、「万国の労働者、団結せよ！」で終わっています。マルクスが執筆し、一八六六年にスイスのジュネーブで開催された国際労働者協会第一回大会で報告・採択された「労働組合〜その過去、現在、未来」にもとづき、マルクスの労働組合論を紹介します。

マルクスが執筆した「労働組合〜その過去、現在、未来」は、Ａ四で二ページくらいの短い文書です。

マルクスは**労働組合誕生の必然性**について、次のように言います。「資本は集積された社会的な力であるのに、労働者が処理できるのは、自分の労働力だけである。資本と労働の間の契約は、けっして公正な条件にもとづいて結ばれることはありえない」。「労働者の持つ唯一の社会的な力は、その人数である」が、「人数の力は不団結（労働者自身の間での避けられない競争）によってくじかれる」。「最初、労働組合は、この競争を無くすか少なくとも制限して、せめて単なる奴隷よりはましな状態に労働者を引き上げるような契約条件をたたかいとろうという労働者の自然発生的な試みから生まれた」と。

続いて、マルクスは、**労働組合の果たすべき役割**について、大きく三つのことを言っています。一つは、「資本の絶え間ない侵害を防止する手段となること」、「資本の奸策《かんさく》に対抗して行動すること」です。賃金の改善や労働時間の短縮などの労働条件を改善するたたかいの正当性、必要性、普遍性をマルクスは強調しました。二つ目に、そうした活動以外に、「労働者階級の完全な解放」、「賃労働と資本支配との制度そのものを廃止する」たたかいの重要性、つまり経済闘争だけでなくて政治的なたたかい、社会変革のたたかいにも、労働組合が決起することの大切さをマルクスは説きました。その際、「労働組合は、この方向（＝労働者階級の解放）をめざすあらゆる社会運動と政治運動（現在の日本でいえば「市民と野党の共闘」でしょうか…）を支援しなければならない」と言うことも忘れていません。三つ目に、マルクスは、組織拡大の重要性について声を大にして訴えます。「労働者階級の組織化の中心となって意識的に行動すること」、「非組合員を組合に参加させることを怠ることはできない」と。そして、未組織の無権利な労働者に心を寄せて、「賃金の最も低い業種の労働者の利益を細心にはからなければならない」と強調します。

最後に、マルクスは、「労働組合の努力は狭い、利己的なものでは決してなく、踏みにじられた幾百万の大衆の解放を目標とするものだということを、一般の世人に納得させなければならない」と締めくくっています（マルクスの「労働組合〜その過去、現在、未来」は、不破哲三さんが編集・文献解説をしている「マルクス『インタナショナル』」に掲載されています）。

最後に、マルクスが起草した「国際労働者協会創立宣言」（一八六四年）から――**「成功の一つの要素を労働者は持ち合わせている――人数である。だが、人数は、団結によって結合され、知識によって導かれる場合にだけ、ものをいう」**。

## 二　日本国憲法における「労働基本権」の〝無条件・全面保障〟について考える！

### (1)〝基本的人権〟としての「労働基本権」の保障

「**労働基本権**」とは、「労働組合を作りあるいは労働組合に入り、使用者と団体交渉を行い、ストライキなどの団体行動を行う権利」です。労働者が〝団結し、たたかう〟ことは、労働者の権利を守る基本の根本にある権利であることから「労働基本権」と言います。また、労働基本権は、「団結権」、「団体交渉権」、ストライキ権をはじめとする「団体行動権」の三つの権利からなることから「労働三権」とも言います。

「**基本的人権**」は、英語で「fundamental human rights」と言いますが、「人間らしく生きていく上で必要不可欠な基本的な権利」のことです。

世界各国の憲法を見ても、労働基本権を憲法上の権利、すなわち基本的人権として保障している国は必ずしも多くありません（例えば、アメリカ合衆国憲法は、修正二条で「人民の武器を保持し、武装する権利」を保障していますが、労働基本権の規定はありません）。日本国憲法が基本的人権の一つとして労働基本権を保障していることの意味をしっかりととらえることが大切です。

日本国憲法は、わたしたち労働者が生きている社会＝資本主義社会では、労働者が「人間らしく生き、働いていく」には、労働基本権（＝労働者が、団結し、団体交渉をし、ストライキを始めとする団体行動をする権利）を無条件で全面的に保障する必要があると考えたから、第二八条のような規定（＝「勤労者の団結する権利及び団体交渉その他の団体行動をする権利は、これを保障する」）になったのです。別の言い方をすれば、わたしたちが生きている社会＝資本主義社会では、わたしたち労働者は、「団結しなければ、闘わなければ、人間らしく生きていくことができない！」から、基本的人権として労働基本権を無条件で全面的に保障したのだといえます。

ブラック企業・ブラックバイト、パワハラ・セクハラ・マタハラ、過労死・過労自死、メンタルヘルス不全、ワーキングプアといった言葉に代表されるような日本の労働者の置かれている状態の全面的な悪化の進行の下で、日本国憲法で労働者・国民に保障された「個人としての尊重。生命、自由及び幸福追求の権利」（第一三条）、「法の下の平等」（第一四条）、「生存権」（第二五条）、「勤労の権利」（第二七条）などが、形骸化・空洞化されるという、ある意味で〝憲法の危機〟とも言える事態が進行しています。こうした中で、日本国憲法は、すべての労働者・労働組合が日本国憲法で保障している労働基本権を全面的に活用してたたかうことを求めているのではないでしょうか。

日本国憲法が保障する基本的人権は自動的に保障されるものでは決してなく、日本国憲法は「この憲法が国民に保障する自由及び権利は、国民の不断の努力によって、これを保持しなければならない」（第一二条）としているのです。

## (2) 戦前の反省に立って

日本国憲法は、その保障する労働基本権に対して、何らの条件（例えば「公共の福祉に反しない限り」といった条件）や留保（但し「何々の場合はこの限りではない」とか…）もつけず、無条件かつ全面的に保障しているのも大きな特徴です（労働基本権を無条件・全面的に保障している国も必ずしも多くありません）。

こうした規定の仕方（＝条件や留保をつけなかった）は、何よりも、戦前の反省に立ったものと考えられます。

戦前、日本の労働組合運動は徹底的に弾圧されてしまったため（＝太平洋戦争が始まる前の一九四〇年に日本の労働組合は壊滅させられ、戦争協力の「大日本産業報国会」が軍部と財閥の手によって作られました）、イタリアやドイツと違って、日本ではほとんど組織だった抵抗運動（レジスタンスやパルチザン闘争）が起きずに、敗戦・終戦を迎えました。したがって、「政府の行為によって再び戦争の惨禍が起こることがないようにする」（日本国憲法前文）ために、そのような危機が起こりそうなときには、労働組合が労働基本権を行使して立ち上がることを期待して、日本国憲法は労働基本権の無条件・全面保障をしたのです。事実、日本が「軍国主義の除去と民主化」を謳《うた》ったポツダム宣言を受諾し、それにもとづき日本を占領した連合国軍最高司令官のマッカーサーがまず最初におこなった「五大改革指令」に「労働組合の結成の奨励」（その他は「秘密警察の廃止」、「婦人の解放」、「教育の自由化」、「経済の民主化」）があったことからもそのことがうかがえます。

安倍内閣による集団的自衛権の行使容認の閣議決定とそれを受けての戦争法の制定という未曽有の憲法の危機＝日本を戦争する国・戦争できる国にする改憲クーデターとも言える事態に対し、日本国憲法は労働組合がその存在意義をかけて日本の平和と憲法を守るために全力でたたかうことを求めているのです。

### (3) 日本国憲法第二一条一項の「結社の自由」と第二八条の「労働基本権」

日本国憲法は、第二一条一項で「集会、結社及び言論、出版その他の一切の表現の自由は、これを保障する」と、国民が政党をはじめとするさまざまな団体を作り活動する「結社の自由」を認めるとともに、その上に立って勤労者（労働者）に対して特別に労働組合という結社を作り活動する自由（労働基本権）を認めています。このことの意味もしっかり踏まえることが大切です。ＩＬＯ（国際労働機関）は、その中核的条約とする八七号条約「結社の自由及び団結権保護に関する条約」、九八号条約「団結権及び団体交渉権についての原則の適用に関する条約」では、ストライキを含む団体行動権が明確に規定されていません（そのためこの間ＩＬＯ総会における条約勧告適用委員会では、使用者がＩＬＯ八七号条約や九八号条約にはストライキ権が含まれないと主張して審議が停滞するという事態が引き起こされていました）。それに比べて、日本国憲法第二八条は、労働三権（団結権、団体交渉権、団体行動権）を明確に規定し、保障しています。

そして、労働組合法は、日本国憲法第二八条の労働基本権の保障の具体化をおこなっています。労働組合法は、労働組合活動をしても刑罰に問われないし、損害賠償も請求されないという「**刑事免責**」（法一条二項）と「**民事免責**」（法八条）にとどまらず、使用者による不利益取扱い、団交拒否、支配介入など「**不当労働行為**」を禁止（法七条）し、その労働委員会による救済（第四章）も規定しています。

問題は、「**憲法や労働組合法が、労働組合に対して、他の団体にない特別の保護と保障を与えていることの意味は何なのか？**」ということです。それは、日本国憲法が、労働組合がすべての労働者や国民の基本的人権の擁護のためにたたかう組織であると考え、広範な労働者・国民の〝代表者性〟を発揮して奮闘することを求めているからです。労働組合の活動は、決して狭い組織労働者だけの利益を追い求めてはなりません。労働組合に入っている組織された労働者は、未組織の労働者、非正規で働く労働者をはじめとするすべての労働者の利益の擁護に細心の注意を払わなければならないのです。

## （４）労働組合は憲法上の存在である！

以上の見てきたことの結論は何でしょうか？　日本国憲法における労働基本権の無条件・全面保障から導かれる結論は、**労働組合は憲法上の存在であるということ**です。労働組合は、「広範な労働者・国民を代表し、労働者・国民の基本的人権を擁護する存在として、日本国憲法と平和の守り手として、日本国憲法が認めた存在」なのです。

## 三　労働組合法における労働基本権保障の内容

日本国憲法第二八条にもとづいて、「①労働者が使用者との交渉において対等の立場に立つことを促進することにより労働者の地位を向上させること」、「②労働者がその労働条件について交渉するために自ら代表者を選出することその他の団体行動を行うために自主的に労働組合を組織し、団結することを擁護すること」、「③使用者と労働者との関係を規制する労働協約を締結するための団体交渉をすること並びにその手続きを助成すること」（以上労働組合法一条一項）を目的に制定されたのが、**労働組合法**です。労働組合法は、日本国憲法や労働基準法に先がけて、制定・施行されました。

労働組合法では、**労働組合**を「労働者が主体となって自主的に労働条件の維持改善その他経済的地位の向上を図ることを主たる目的として組織する団体又はその連合体をいう」（法二条）とし、**労働者**を「職業の種類を問わず、賃金、給料その他これに準ずる収入によって生活する者をいう」（法三条）としています。労働組合法上の労働者には、失業者も含まれ、労働基準法上の労働者より広い概念となっています。

労働組合法は、「労働組合の団体交渉その他の正当な行為については、刑罰を課さない」（一条二項）、「使用者は、ストライキその他の争議行為であって正当なものによって損害を受けたことで、労働組合又は組合員に対し賠償を請求することができない」（八条）と、「**刑事免責**」と「**民事免責**」を規定しています。それにとどまらず、労働組合法は、使用者の労働者の労働基本権を侵害する行為を「**不当労働行為**」として禁じています（法七条）。

①労組員であること、労組に加入もしくは労組を結成すること、労働組合として正当な行為をしたことを理由に解雇をしたり、不利益な取り扱いをすること（＝**不利益取扱い**）や、労働組合に加入しないことや労働組合から脱退することを雇用条件とすること（＝こうした契約を**黄犬契約**と言います）、②団体交渉を正当な理由なく拒否すること（＝**団交拒否**）、③労組活動に支配

介入（＝**支配介入**）することは、不当労働行為として許されません。

そして、使用者による不当労働行為の救済機関が、中央労働委員会と都道府県労働委員会からなる「**労働委員会**」です（労働委員会は労働争議の調整・あっせんもおこないます）。

「労働組合と使用者又はその団体との間の労働条件その他に関する**労働協約**は、書面に作成し、両当事者が署名し、又は記名捺印することによってその効力を生じる」（法一四条）とされ、有効期間を定める場合は三年まで、定めない場合は九〇日前にその解約の予告が必要となっています（法一五条）。労働協約の定めは、労働契約や就業規則の定めに優先します（法一六条）。事業場の四分の三以上を組織した労働組合が締結した労働協約は、他の労働者にも適用されます（労働協約の一般的効力、法一七条）。

# 第五章　労働者の権利と労働基準法

「権利の生命は闘争である。世界中のすべての権利はたたかいとられたものであり、権利は不断の行動である」

（ドイツの法学者イェーリングの『権利のための闘争』より）

## 一　労働者の権利とはどういうものか？

ここであらためて、「労働者・労働組合の権利とはどういうものか？」を考えてみたいと思います。

第一に、労働者の権利とは、「**労働者が人間らしく生き、人間らしく働いていくための権利**」です。労働者の権利は、「資本主義社会において、**資本家の搾取や収奪、支配と抑圧から、労働者の労働と生活を守る武器**」であり、「賃上げや時短などの**労働者の切実な要求を実現していくたたかいの武器**」だということができます。

第二に、労働者の権利は、「**労働者階級が資本家階級との長年のたたかいでかちとってきたもの**」です。そして、たたかいの中でかちとった権利を国の法律にまで高めさせたものが、**労働法**であり**労働法制**です。労働組合を作ることも、ストライキをすることも最初は違法だとされていましたが、労働者のたたかいの中で、団結禁止法を廃止させ、ストライキにおける刑事免責や民事免責をかちとってきたのです。労働運動発祥の国であるイギリスで、団結禁止法が制定されたのは一七九九年で、その団結禁止法が廃止されたのは一八二四年でした。イギリスでストライキが認められたのは二〇世紀に入ってから、労働争議法が制定された一九〇六年以降です。日本では、一九〇〇年の治安警察法で事実上労働組合の結成が禁止されました。労働組合の結成が認められたのは戦後一九四五年に労働組合法が制定されて以降です。

言うまでもなく、労働者の権利をしっかり学んで身につけなければ、それを使うことはできません。したがって、**労働者の権利を学ぶことから、労働者の権利闘争が始まります。学習にもとづく権利意識を養う**ことが大切です。**権利意識こそが権利闘争の基礎にあり、権利学習はその前提**です。たとえば、年休（年次有給休暇）について、「使用者は、その雇い入れの日から六箇月間継続勤務し全労働日の八割以上出勤した労働者に対して、継続し、又は分割した一〇労働日の有給休暇を与えなければならない」こと、「使用者は、年次有給休暇を労働者の請求する時季に与えなければならない」こと（労基法三九条）は、労基法を勉強して、それを身につけて、具体的に請求・行使する必要があります。「**権利学習→権利意識→権利行使**」です。労働者一人ひとりがよく学習してしっかり権利意識を持つことが大切ですが、労働者の切実な要求を実現していくにはやっぱり労働組合に入って（あるいは労働組合を作って）たたかうことです。「賃金を上げたい、労働時間を短くしたい」、「パワハラをなくしたい。メンタルヘルス不全をなんとかしたい」というみんなの願い・要求を実現していくには、労働組合に入って（作って）、団体交渉をするのが一番の近道です。

これまでわたしたちは、この国の主人公はわたしたち労働者・国民であること、最高法規である日本国憲法はわたしたち国民一人ひとりに「人間らしく生きていく上で必要不可欠で基本的な権利」である基本的人権を保障していること、特に生存権と勤労権、労働基本権（＝労働組合に入り（または労働組合を作り）、団体交渉やストライキなどの団体行動をする権利）が保障されていること、それは労働基準法や労働組合法でより具体的な権利として保障されていることを学んできました。こうした日本国憲法にもとづく主権者としての権利意識をしっかりと持つことが、さまざまな具体的な権利を学んで、行使していく上でほんとうに大切です。

「**階級社会は、労働者・国民の無知と貧困によって支えられている**」（マイケル・ムーア監督の映画「華氏九一一」における同監督の独白）と言われます。「**知は力**」と言いますが、「**無知は、支配階級**（**安倍内閣＝自公連立政権と日本経団連・財界**）**の思うがまま**」です。具体的な権利学習を進めていく上で、「権利の生命は闘争である。世界中のすべての権利はたたかいとられたものであり、権利は不断の行動である」（ドイツの法学者イェーリングの『権利のための闘争』より）ということをしっかりとふまえて、がんばってほしいと思います。

## 二　労働基準法の基本原則

日本国憲法二七条二項は「賃金、就業時間、休息その他の勤労条件に関する基準は、法律でこれを定める」とし、それにもとづいて**労働基準法**が制定されています。つまり、労働条件の基準は、労使間の話し合いにまかせるのではなく、国の法律で定めて強制力を持って使用者に守らせて（労働基準法違反には罰則があります！）、すべての労働者に生存権（日本国憲法第二五条一項）と勤労権（同二七条一項）を保障する＝「人間らしく生き、働く」ことができるようにするということです。

労働基準法は、「労働条件は、労働者が人たるに値する生活を営むための必要を充たすべきものでなければならない」（一条一項）、「この法律で定める労働条件の基準は最低のものであるから、労働関係の当事者は、この基準を理由として労働条件を低下させてはならないことはもとより、その向上を図るように努めなければならない」（一条二項）、「労働条件は、労働者と使用者が対等の立場において決定すべきものである」（二条一項）と定めています。

「使用者は、労働者の国籍、信条又は社会的身分を理由として、賃金、労働時間その他の労働条件について、差別的取り扱い」をしてはなりません（法三条）。強制労働も中間搾取も許されません（法五条、六条）。

労働基準法は、「事業又は事務所に使用される者で、賃金を支払われる者」（法九条）をすべて労働者として、労働基準法の保護の対象にしています。また、「事業主のために行為をするすべての者」（法一〇条）を広く使用者ととらえ、使用者責任を広範に問えるようにしています。

○労働基準法の構成

第一章　総則（一条～一二条）

第二章　労働契約（一三条〜二三条）
第三章　賃金（二四条〜三一条）
第四章　労働時間、休憩、休日及び年次有給休暇（三二条〜四一条）
第五章　安全及び衛生（四二条〜五五条）
第六章　年少者（五六条〜六四条）　第六章の二　妊産婦等（六四条の二〜六八条）
第七章　技能者の育成（六九条〜七四条）
第八章　災害補償（〇七五条〜八八条）
第九章　就業規則（八九条〜九三条）
第一〇章　寄宿舎（九四条〜九六条の三）
第一一章　監督機関（九七条〜一〇五条）
第一二章　雑則（一〇五条の二〜一一六条）
第一三章　罰則（一一七条〜一二一条）

○労働基準法にもとづいて制定されてきたさまざまな労働者保護法
・労働安全衛生法
・労働者災害補償保険法
・雇用保険法、労働保険の徴収等に関する法律
・労働契約法

・パートタイム労働法
・男女雇用機会均等法
・女性活躍推進法
・次世代育成支援対策推進法
・育児休業法
・最低賃金法
・賃金の支払いの確保等に関する法律
・労働時間等設定改善特別措置法、過労死等防止対策法、等々

## 三　第二次世界大戦後の人権思想の発展

第二次世界大戦の反省に立って創設された国連と国連の専門機関として存続・発展したＩＬＯは、この間労働者・国民にとって有意義な条約を締結してきました。日本は、ＩＬＯの理事国でありながら、ＩＬＯ条約の批准数が先進国ではアメリカとともに低い国です（アメリカと日本は一八本もの労働時間関係のＩＬＯ条約を一本も批准していません！）。しかし、ＩＬＯは、中核的となる八本の条約（＊）は、批准していなくてもＩＬＯに加盟している国に対し直接の効力を持っているという立場をとっています。

（＊）ＩＬＯの中核八条約

Ⅰ　結社の自由及び団体交渉の効果的承認

一　結社の自由及び団結権保護に関する条約（八七号条約）

二　団結権及び団体交渉権についての原則の適用に関する条約（九八号条約）

Ⅱ　あらゆる形式の強制労働の禁止

三　強制労働に関する条約（二九号条約）

四　強制労働の廃止に関する条約（一〇五号条約）――日本未批准

Ⅲ　児童労働の実効的な廃止

五　就業が認められるための最低年齢に関する条約（一三八号条約）

六　最悪の形態の児童労働禁止条約（一八二号条約）

Ⅳ　雇用及び職業における差別の撤廃

七　同一価値の労働についての男女労働者に対する同一報酬に関する条約（一〇〇号条約）

八　雇用及び職業についての差別待遇に関する条約（一一一号条約）――日本未批准

日本国憲法第九八条二項には「日本国が締結した条約及び確立された国際法規は、これを誠実に遵守することを必要とする」とあります。わたしたちは、日本が締結した条約を遵守させることはもちろん、たとえ日本が締結していなくても確立された国際法規といえるものについても締結・遵守することを日本政府にもっと迫っていかなくてはなりません。

国連も、**国連憲章**（一九四五年）や**世界人権宣言**（一九四七年）を採択することに始まって、さまざまな人権条約を採択し、基本的な人権と自由を豊かにしてきました。

国連の目的には「国際の平和及び安全の維持、人民の同権及び自決の原則の尊重、すべての者の人権と基本的自由の尊重」（国連憲章第一条）が上げられ、世界人権宣言では、「すべての人間は、生まれながらにして自由であり、かつ、尊厳と権利とにおいて平等である。人間は理性と良心を授けられており、互いに友愛の精神をもって行動しなければならない」（第一条）と高らかに謳《うた》い上げています。国連憲章と世界人権宣言に基づいて、**国際人権規約**の**自由権規約**と**社会権規約**が定められました（一九六六年）。そしてそれ以降さまざまな分野の人権規約が採択されてきました。わたしたちはその豊かな内容を学び、政府にその実行を迫っていかなくてはなりません。

○その後の国連における主な人権条約の採択

・国連人権規約・自由権規約（一九六六年）；日本一九七九年批准
・国連人権規約・社会権規約（一九六六年）；同右
・人種差別撤廃条約（一九六五年）；日本一九九五年批准
・女性差別撤廃条約（一九七九年）；日本一九八五年批准
・拷問等禁止条約（一九八四年）；日本一九九九年批准
・子どもの権利条約（一九八九年）；日本一九九四年批准
・移住労働者の権利条約（一九九〇年）；日本未批准
・強制失踪防止条約（二〇〇六年）；日本二〇〇九年批准
・障害者権利条約（二〇〇六年）；日本二〇一四年批准

# 第六章　賃金とは何か？

「労働組合は、資本の侵害に対する抵抗の中心としては十分役に立つ。（中略）その組織された力を労働者階級の終極的解放すなわち賃金制度の最終的廃止のための槓桿《こうかん》（てこのこと）として使用しないならば、それは全面的に失敗する」

（マルクス『賃金、価格および利潤』）

## 一　マルクスによる労働者の立場に立った科学的な賃金論の確立

マルクスの世界の労働者・労働組合に対する最大の貢献の一つは、労働者の立場に立った科学的な「賃金論」の解明・確立です。マルクスは、彼の剰余価値論にもとづき、資本主義社会における金もうけの秘密（＝資本家階級による労働者階級に対する搾取）を明らかにするとともに、「賃金とは何か？　その現象と本質、賃金はどのように決まるのか？」を解明しました。マルクスは、これらのことを「これまでに資本家に投げられたもっとも恐ろしいつぶて（＝小石）」だと言っています。

## （1）賃金の本質

労働者は、「働く力」（＝労働力）を商品として資本家に売り、資本家のもとで「働いて」（＝労働）賃金を得ます（労働者が持っている「労働力」と資本家に雇われて働くことである「労働」の区別をしっかりすることが大切です！）。賃金の本質は、労働者の「働く力」（労働力）の再生産に必要な費用であり、基本的には労働者（とその家族）の「生活費」です。それに加えて、労働者はいずれ年をとって引退しなければなりませんから、"労働力の継続の費用"と言える労働者の子ども「養育費」も含めなければなりません。また、知識や技術といった労働能力の維持・向上のための費用＝労働力の「養成費」も必要です。すなわち、賃金は、労働者（とその家族）の生活費、子どもの養育費、労働力の養成費の合計です。

## （2）賃金の現象

賃金の問題は賃金の本質にはありません。問題は、賃金は「労働の対価」のように現象するということにあります。賃金は、労働者が雇われて働いて、それから賃金を受け取るようになっています。つまり賃金は労働の後払いです。このことからあたかも「賃金は労働の対価」のように現象します。そのことによって、賃金の現象面においては、資本家による労働者に対する搾取、賃金以上の価値を生み出す賃金不払い労働（剰余労働）が隠されることになります。例えば、一日の労働力の価値を八〇〇〇円とし、労働者が一時間働くと二〇〇〇円の価値が作り出されるとします。八時間で一万六〇〇〇円の価値が作り出されますが、資本家は労働者に八〇〇〇円だけ支払えばよいので、賃金という支払い形態のもとでは、残りの八〇〇〇円（剰余価値）が資本家の懐に入ることが隠されてしまうのです。賃金は現象面では資本家による労働者に対する搾取を隠す役割を果たします。それだけはありません。賃金は労働時間にもとづく賃金という支払われ方と出来高による賃金という支払われ方をしますが、どちらも労働者に対する搾取を強化する役割を果たします。現代の日本では、年功賃金よりも成果主義賃金や能力主義賃金が闊歩《かっぽ》していますが、成果主義賃金や能力賃金といった出来高賃金について、マルクスは「労働者個人の賃金を平均水準以上に引き上げる一方で、この水準そのものを低下させる傾向を持つ」、「賃金減額および資本主義的ごまかしのきわめて実りある豊かな源泉となる」、「資本主義的生産様式に最も適応した賃金形態である」とすでに喝破《かっぱ》しています（『資本論』第一部第六篇「労賃」より）。

## （3）賃金はどのように決まるのか？

マルクスは、「資本家は、賃金をその生理的最低限に引き下げ、労働時間をその生理的最大限にのばそうと絶えず努めているし、他方労働者の方は、これと反対の方向に絶えず圧力を加えるのである。事態は、結局、闘争者たちのそれぞれの力の問題に帰着する」と言っています（マルクス『賃金、価格および利潤』より）。労働者の賃金は、実際には、「①労働者（とその家族）の生活費＋子どもの養育費＋労働力の養成費を基本に、②労働力の需給関係を背景にしながらも（一般的には資本家に有利で労働者に不利に働く傾向がある）、③（最終的には）日本全体の労資の力関係、つまり日本の労働者全体の賃金闘争の結果で決まる」（全労連「労働組合入門わくわく講座テキスト」）のです。

## 二　日本における賃金闘争の再構築をどうかちとっていくのか？

### （1）日本の労働者の賃金の劣化は深刻！

厚生労働省の「毎月勤労統計調査」によれば、日本の労働者の現金給与総額は、一九九七年の四二万一三八四円をピークに下がり続け、最近の二〇一八年では三七万二一六二円とピーク時に比べて、金額で四万九二二二円、率で一一・六八％も下がっています。国税庁の「民間給与実態統計調査」（二〇一八年分）によれば、年収二〇〇万円以下のワーキングプアが一〇九八万人で労働者全体の二一・八％をしめ、年収三〇〇万円以下が一八六〇万人、三七・〇％、年収四〇〇万円以下が二七二六万人、五四・二％となっています。また、男性労働者の平均給与が五四五万円なのに対し、女性労働者が二九三万円と男性労働者の五三・八％しかありません。一方で、大企業の二〇一八年度の経常利益は八三・五兆円、配当金は二三・三兆円、内部留保は四四九・一兆円と巨額です。日本の労働者の賃金の大幅な引き上げ・改善は急務です。それは日本社会の安定、日本経済の持続的・安定的発展にとっても必要不可欠な課題です。また、まじめに働いても生活保護以下の賃金しか得られないワーキングプアの存在は、日本国憲法で保障された生存権＝〝健康で文化的な最低限度の生活を営む権利〟が侵害されているということであり、早急に解消されなければなりません。

## (2) あらためて「春闘」について考える!

戦後の日本の労働組合の賃金闘争は、"春闘"ということでたたかわれてきました。ここであらためて"春闘"とはどういうたたかいだったのか? 振り返って考えてみましょう。

「春闘」とは、毎年春におこなわれる賃金引上げをめざす日本独特の賃金闘争の闘争形態です。EUなどでは、産業別に労働協約の改定という形で、賃金引き上げをめざす交渉と闘争がおこなわれることが一般的です。

日本における賃金闘争が"春闘"という独特の闘争形態となったのは、①日本の労働者の賃金が「年功賃金」という日本独特の賃金体系をしていたことと、②日本の労働組合が「企業別(企業内)組合」という日本独特の組織形態をしていることが大きく影響しています。

日本の民間の組織労働者の賃金は、企業ごとの労使間の賃金交渉で決まりますが、日本の労働者全体の賃金水準は、労働者とその家族の生活費(+労働力の養成費)を基本として、労働力の需給関係を反映しながら(=一般的には資本家に有利で労働者に不利に働く傾向がある)、最終的には日本全体の労働者と資本家の力関係で決まっていく(全労連初級教育講座「労働組合入門わくわく講座」テキストより)ため、企業内だけの賃金交渉では企業間の競争の中で賃金はなかなか上がりません。そこで、「年功賃金」という基本的に毎年春に賃金改定が行われる賃金体系のもとで毎年賃金闘争を春に行うこと、「企業別組合」という組織形態のもとで**その企業の枠を乗り越えて、日本の労働者全体で力を合わせて、「要求、日程、戦術」を統一してたたかってきたことに、春闘の特徴・本質があります。**

したがって、春闘をたたかう上で大切なのは、①**企業の枠を超えてたたかうこと**（企業主義に陥らないこと、企業内だけでたたかわないこと）、②**「力を集中」してたたかうこと**（要求や日程、戦術を統一すること、「官民一体」、「単産・地域総がかり」となってたたかうこと）が大切です。

また、春闘は、民間の組織労働者の賃金闘争が基本ですが、民間の組織労働者だけのたたかいにとどめずに、すべての労働者を視野に入れたたたかい、すべての国民と共同してともにたたかっていく**「国民春闘」への発展を追求していく**ことが、日本全体の力関係を変えていくこととなり、結果として賃金引上げにもつながっていきます。

事実、一九六〇年の安保闘争の翌年の一九六一年の春闘ではじめて二ケタ（一三・八％）の賃上げを実現し、国民春闘として発展した一九七三年、一九七四年の春闘で史上最高の賃上げ（一九七三年二〇・一％、一九七四年三二・九％）を実現しました。

そして、一九九〇年代前半までは、日本の労働者全体の賃金・労働条件は基本的に民間の組織労働者の春闘の結果によって規定されていましたが、一九九五年の日経連「新時代の『日本的経営』」を嚆矢《こうし》として一九九〇年代後半以降次第に非正規労働者が増えるにしたがって、非正規労働者の存在とその状態に規定されるようになってきました。

これは、基本的には、①日本の労働者の賃金が年功賃金から成果・業績主義賃金に置き換えられてきたこと、②正規労働者の非正規労働者の置き換えが進んだことが、大きな要因です。

特に、非正規労働者は二〇〇〇万人を超え、日本の労働者全体の四割に迫るまでになってきています。従って、賃金闘争を再構築していくには、①春闘の原点にたったたたかいを強める

| 《参考》戦後の春闘の歴史 | |
|---|---|
| ・1955～1974年 | 春闘の前進発展期；高度成長期、労働力不足・「完全雇用」、非正規はほとんどいない。 |
| ・1975～1994年 | 「管理春闘」期；低成長期、賃金の抑え込みと非正規労働者の増大 |
| ・1995～20XX年 | ベアゼロ、春闘“変質・解体”期；賃金の低下・停滞、高失業率、正規労働の非正規労働への置き換え |
| ・20XX年～ | 賃金闘争の本格的再構築期…。 |

（＝ⅰ．企業の枠を超え、要求・日程、戦術を調整し、「力を集中」してたたかう、ⅱ．「国民春闘」としての発展を追求する）だけでは不十分であり、②**「非正規をなくす」たたかい**（＝雇用は「正規雇用が当たり前」の社会の回復、派遣・有期など非正規労働の規制と均等待遇原則の確立）、**ワーキングプアをなくすたたかい**に全体としてとりくみ、この問題の前進・解決を図ることとともに、③日本の労働者全体の賃金の底上げと格差是正を実現していくことが決定的に大切です。

### (3) 賃金闘争再構築の“鍵”を握っている「最賃闘争」、特に全国一律最賃制の確立と時給一五〇〇円の実現！

日本における賃金闘争は、①民間労働者の「春闘」を軸として、②公務労働者の「人勧」（人事院勧告）闘争と、③「最賃」（最低賃金）闘争の三つの分野でたたかわれてきました。長年に渡る春闘の抑え込み・停滞の中で、**これまで“第二の賃金闘争”であった最賃闘争が賃金闘争の主役に躍り出てきています。**毎年一〇月に行われる地域最低賃金の改定が、コンビニやファストフードのパート・アルバイト労働者や自治体の非正規労働者の賃上げに直結するようになってきています。

すべての労働者の賃金の底上げ、貧困の解消と格差の是正につながる最賃闘争に、いっそう全力をあげてとりくもうではありませんか。「一五〇〇円以上の最低時給の実現」と「全国一律最低賃金制の確立」をめざしてたたかっていきましょう。

わたしは、日本における賃金闘争の本格的な再構築は、最低生計費に近い金額である一五〇〇円以上の時給の実現と全国一律最賃制の確立を通じてこそかちとることができると考えています。生計費原則にもとづく全国一律最賃制の確立が、すべての労働者の賃金の最低規制となり、地方別、企業規模別、業種別、性別、雇用形態別の労働者間の賃金格差の是正につながっていきます。全国一律最低賃金の上に産業別最低賃金、業種別最低賃金を上乗せさせ、産業別・業種別の統一的な賃金闘争を展開していく中でこそ、本格的な賃金闘争が再構築されていくことになっていくでしょう。

# 第七章　労働時間について考える！

「〝大洪水よ、わが亡きあとに来たれ！〟（＊）――これがすべての資本家およびすべての資本家国民のスローガンである。それゆえ、資本は、社会によって強制されるのでなければ、労働者の健康と寿命に対し、何らの考慮も払わない」

（カール・マルクス『資本論』）

## 一　マルクスの「労働時間論」

### （1）資本は労働者のいのちと健康を何ら考慮しない！

マルクスの『資本論』の第一部「資本の生産過程」で、わかりやすくおもしろい箇所は、何といっても第八章の「労働日」でしょう（あと第一三章の「機械設備と大工業」、第二三章「資本主義的蓄積の一般的法則」がおすすめ）。まず、「資本の本質」を見事に言い当てた冒頭の言葉が心に響きます。

（＊）宮廷のぜいたくが財政の破綻を招くと忠告されたとき、フランスのルイ一五世の愛人のポンパドール夫人が「ノアの洪水」伝説に例えて言ったと伝えられている言葉。「あとは野となれ山となれ」の意。

**「金もうけのためなら、資本は、労働者のいのちと健康に対し、何らの考慮も払わない」**――まさしく資本の本質を見事に言い当てています。そして、資本に労働者のいのちと健康に対して何らかの考慮を払わせるよう社会的に強制させるものが、労働基準法をはじめとした「労働者保護法」であり、「労働組合」です。

## (2) 労働時間はどのようにして決まるのか？

「労働時間がどのようにして決まっていくのか？」について、マルクスは次のように言います。

「商品交換そのものの本性からは、労働時間の限界は何ら生じない。資本家は『労働力』という商品の買い手としての権利を主張し、労働者は『労働力』という商品の売り手としての権利を主張する。したがって、『ここでは、どちらもひとしく商品交換の法則によって確認された"権利対権利"という一つの二律背反が生じる。同等な権利と権利の間では『強力』(＝力関係のこと) がことを決する」

こうして、

「資本主義的生産の歴史においては、労働時間の標準化は、労働時間の諸制限をめぐる闘争――総資本家すなわち資本家階級と、総労働者すなわち労働者階級との間の闘争――として現れる」

そして、それらをふまえた上で、労働時間の法的規制の重要性について次のように強調しています。

「労働者たちは結集し、階級として一つの国法を、死と奴隷状態とに陥れることを彼ら自ら阻止する強力な社会的防止手段（制限された労働時間）を、奪取しなければならない」

## (3) 労働時間短縮闘争の意義

「労働時間短縮闘争の意義」について、マルクスは、インターナショナル（国際労働者協会）のジュネーブで開かれた第一回大会（一八六六年）で採択された決議において、次のようにまとめました。

「労働時間の制限は、それなしには、いっそう進んだ改善や解放の試みがすべて失敗に終わらざるをえない先決条件である。それは、労働者階級、すなわち各国民中の多数者の健康と体力を回復するためにも、またこの労働者階級に知的な発達をとげ、社交や社会的・政治的活動にたずさわる可能性を保障するためにも、ぜひとも必要である。われわれは労働時間の法定の限度として『八時間労働』を提案する」

## (4) 時間は人間の発達の場である！

マルクスは長時間・過密労働が持つ弊害について、次のように警鐘乱打しています。

「思うままに処分できる自由な時間を持たない人間、睡眠や食事などによる単なる生理的な中断をのぞけば、その全生涯を資本家のために労働によって奪われる人間は、牛馬にも劣る」
「彼は、他人の富を生産する単なる機械に過ぎず、からだはこわされ、心はけだもののようになる」
「資本は、もしそれをおさえるものがなければ、無茶苦茶に情け容赦もなくふるまって、全労働者階級をこの極度の退廃状態に陥れる」

（マルクス『賃金、価格および利潤』より）

また、マルクスは、未来社会を展望するにあたっても、労働時間の短縮をほんとうに重視しています。
「（人間の全面的な発達が可能となる）『真の自由の国』は、『必然性の国』の上に開花して始まる。（それは）労働時間の短縮が根本条件である」

（『資本論』第三部「資本主義的生産の総過程」の第四八章「三位一体的定式」より）

マルクスが、全労働者＝労働者階級の労働時間の短縮をどれだけ重視していたか、わかっていただけたでしょうか。

## 二　日本の労働者の長時間・過密労働をどう改善していくのか？

### （1）日本の労働者の長時間・過密労働の実態

日本の製造業労働者の年間平均労働時間は二二〇六時間（総務省「労働力調査」二〇一八年）と相変わらず長く、時短先進国のフランスやドイツの労働者の一・五倍以上働いています。二〇一八年の総務省の労働力調査によれば、過労死ラインと言われる〝週六〇時間以上〟働く労働者は三九七万人もおり、全労働者の六・九％を占めています。二〇一八年度の脳・心臓疾患の労災請求件数は八七七件で前年比三七件、四・四％の増、精神障害の労災請求件数は一八二〇件で前年比八八件、五・一％の増といっそう深刻になっています。

### （2）なぜ日本の労働者は長時間過密労働なのか？

なぜ日本の労働者は長時間労働なのでしょうか？　それは日本の労働者の勤勉な国民性（＊）が原因では決してありません！　日本の労働者が長時間過密労働なのは、マルクスが言う「国法、すなわち死と奴隷状態とに陥れることを阻止する強力な社会的防止手段（制限された労働時間）」が不十分だからに他なりません。労働基準法の労働時間法制があまりにもザルだからです。「過労死・過労自死の一掃、長時間・過密労働の改善」を謳《うた》った安倍「働き方改革」の中身は、〝定額働かせ放題〟で「現代の奴隷制度」とも言える、労働基準法の労働時間法制を基本的に適用除外とする「高度プロフェッショナル制度」の創設と特別協定で「月一〇〇時間未満、二～六か月で八〇時間以内」というカローシラインの時間外労働の上限規制でした。

（＊）江戸時代の町民のお休みは〝一《いち》・六《ろく》の日〟、すなわち四勤一休で、欧米の毎週日曜日の休み、すなわち六勤一休よりも多く休んでいました。日本が長時間労働となっていったのは、明治維新以降の〝富国強兵〟政策にもとづく日本の資本主義の発展過程においてでした。

労働基準法は、三二条で「週四〇時間、一日八時間」の労働時間の上限を決めていますが、三六条で「労使協定」を結べばそれを上回る時間外・休日労働を命じることができるようになっています。日本国憲法第二七条二項の「勤労条件法定主義」と労働基準法一条の「労働条件の原則」（＝労基法で定める労働条件の基準は最低のものであり、労働関係の当事者は労基法の基準を上回るように努めなければならない）から見て、三六条で労使自治の名の下で労働時間の最低基準を壊せるようにしていることが大問題です。月四五時間を超える時間外・休日労働は、脳・心臓疾患を発症するリスクがあると厚生労働省も認めているわけですから、月四五時間を超える時間外労働を認める特別協定は本来許されてはならないのです。

また、労基法三二条の労働時間の原則が「一日八時間、一週四〇時間」なのに、三六条の例外が「月四五時間、年三六〇時間」なのもおかしな話です。労働者の健康を守るには、一日の、そして一週の労働時間規制が重要なのであり、決して一月や一年の労働時間ではありません。一日と一週の時間外労働の上限を定めるべきです。労基法上の休日労働（＝「毎週少なくとも一回の休日」もしくは「四週間を通じ四日以上の休日」に働くこと）は本来禁止すべきです。

## (3)「八時間働いたら帰れる、ふつうにくらせる」当たり前の職場と社会を実現しよう！

メーデーに見られるように、「八時間労働」を求めて世界と日本の労働者階級は、長年たたかってきました。一八八六年にアメリカの労働者階級が八時間労働を求めてゼネラルストライキをたたかってから一三四年、一九二〇年に日本で最初に上野公園でメーデーが行われて一〇〇年です。そのころからの労働生産性の飛躍的向上を考えても、「八時間働いたら帰れる、ふつうにくらせる」職場と社会の実現はあまりにも控えめな要求ではないでしょうか！　マルクスがいうように「労働時間の制限は、それなしには、いっそう進んだ改善や解放の試みがすべて失敗に終わらざるをえない先決条件」です。それは、「労働者階級、すなわち各国民中の多数者の健康と体力を回復するためにも、またこの労働者階級に知的な発達をとげ、社交や社会的・政治的活動にたずさわる可能性を保障するためにも、ぜひとも必要」です。

また、日本の労働者が長時間労働なのは低賃金だからです。低賃金だから長時間働かないと、残業をしないとくらしていけないのです。また、要員計画や定員配置がすべての労働者が八時間で作業が終われるような計画や配置ではなく、残業を前提とした年休取得を計算に入れていない計画や配置だからです。そういう意味で低賃金の改善や増員も大事ですが、何よりも時間外労働を厳格に規制すること、少なくとも過労死や過労自死につながるような時間外・休日労働を認めない労働基準法の労働時間法制の抜本的改正が緊急不可欠です。

## （4）労働時間が労働者のいのちと健康に与える影響について

研究によれば（斎藤一「労働時間・休憩・交代制」・労働科学研究所、一九五四年）、労働に関する時間が一〇・五時間以下なら（すなわち労働時間を八時間、休憩時間を一時間として、通勤時間と残業時間が一・五時間以内なら）、帰宅後の食事や入浴、睡眠などに影響を与えませんが、これを超えるとまず趣味や娯楽の時間が削られ、次に新聞・読書や勉強の時間が、そして食事や入浴の時間が、最後に睡眠が削られていくとされています。

次に、「時間外労働四五時間、八〇時間、一〇〇時間の持つ意味」を考えてみましょう。所定労働時間が八時間、休憩時間が一時間、通勤時間を片道三〇分、往復で一時間と仮定します。残業時間がなければ、午前八時前に家を出る——八時半始業——一二～一三時お昼休み——午後五時三〇分終業——午後六時過ぎ帰宅となります。

①時間外労働が月四五時間（≒残業一日平均二時間）以内の場合
午後八時までに帰宅でき、「労働関連時間一〇～一二時間 ＜ 生活関連時間一四～一二時間」で、大きな問題は生じないと考えられます。

②時間外労働四五時間（≒残業一日平均二時間）の場合
午後八時過ぎに帰宅で、「労働関連時間一二時間＝生活関連時間一二時間」となり、睡眠時間七・五時間を確保できるギリギリとなります。

③時間外労働時間八〇時間（≒残業一日平均四時間）の場合
毎日午後一〇時過ぎに帰宅で、睡眠時間が六時間程度になってしまいます。「労働関連時間一

四時間＞生活関連時間一〇時間」と労働関連時間が生活関連時間の一・四倍となってしまいます。

④時間外労働時間一〇〇時間（≒残業一日平均五時間）の場合

毎日午後一一時過ぎに帰宅で、睡眠時間が五時間しかとれなくなります。「労働関連時間一五時間＞生活関連時間九時間」と労働関連時間が生活関連時間の一・六七倍にもなります。

すなわち、月八〇時間（≒一日平均四時間）の時間外労働では六時間以下、月一〇〇時間（≒一日平均五時間）の時間外労働では五時間以下の睡眠時間しか確保できなくなり、脳・心臓疾患、メンタルヘルス不全を引き起こし（＝労働力の再生産ができなくなり）、過労死・過労自死につながっていきます。**人間の心と体はほんとうに繊細でもろいものであり、一度壊れてしまうとなかなか元には戻らないのです。**

# 第八章　資本主義的「合理化」・技術革新から労働者のいのちと健康を守る！

「機械設備は、それ自体として見れば労働時間を短縮するが資本主義的に使用されると労働日を延長する、それ自体としては労働を軽減するが資本主義的に使用されるとその強度を高める」

（マルクス『資本論』第一三章「機械設備と大工業」より）

## 一　マルクスの資本主義的機械化・技術革新論

「生産性の向上」は、資本にとって至上命題です。安倍内閣は、「働き方改革」を進める目的を、「働き方改革こそが、労働生産性を改善するための最大の手段である」とあけすけに語っていますし、財界・日本経団連も、「経労委報告二〇一九年版」で「働きがいを高める働き方改革と労働生産性の向上」を強調しています。

金もうけが目的の資本主義社会において、もうけ（剰余価値）を増やすには二つの方法があります。一つは労働者の賃金をできるだけ安く抑え、労働時間をできる限り伸ばすことです。もう一つは同じ労働時間でも「生産性の向上」や労働強化によって生産量を増やすことによって「もうけ」を増やすやり方です（マルクスは前者を「**絶対的剰余価値の生産**」、後者を「**相対的剰余価値の生産**」と名付けました）。特に、個々の資本や工場における新しい生産方法の採用などによる生産性の向上によるもうけの獲得とその競争が、資本主義社会における生産性を飛躍的に向上させ、科学技術の発展をもたらしました。

歴史的には、「産業革命」による機械化と大工業の出現が大きな画期となりました。工場における機械の導入は、労働者の労働を一変させました。マルクスは「マニュファクチュアや手工業では労働者が道具を自分に奉仕させるが、工場では労働者が機械に奉仕する」（『資本論』第一部「資本の生産過程」・第四篇「相対的剰余価値の生産」・第一三章「機械設備と大工業」より、以下『資本論』からの引用は基本的に第一三章からのもの）と言い、「機械は、資本の手にあって、同じ時間内により多くの労働を絞り出すための、客観的かつ効果的に重用される手段となる」と機械による労働強化を告発します。機械化によって労働生産性は飛躍的に向上しますが、「機械設備は、それ自体としてみれば労働時間を短縮するが、資本主義的に使用されると（＝資本家は機械に投資した資本をできる限り早く回収しようとして）労働時間を延長する」のです。

資本主義社会における機械化と技術革新は、労働時間の延長にとどまらず、さまざまな問題を引き起こします。前述したように「資本は、社会によって強制されるのでなければ、労働者の健康と寿命に対し何らの考慮も払わない」ので、放っておけば機械化や技術革新によって労働災害や職業病が続発します。日本でも一九六〇年代の高度成長期には労災死亡者が年五〇〇〇人を超える状況に陥り、それに対処するため一九七二年労働基準法から分離・独立する形で、労働安全衛生法が制定されました（その後労災死亡数は減少しましたが、今でも過労死や過労自死に代表される脳・心臓疾患やメンタルヘルス不全の続発など深刻な事態は続いています）。「資本主義的生産様式には、もっとも簡単な清潔・保健設備でさえ、国家の強制法によって押しつける必要がある」のであり、資本主義的生産のもとでの労働者の抵抗によって、「労働者階級の肉体的及び精神的な保護手段としての工場立法（＝労働者保護法）の一般化が不可避になる」のです。

機械化は、労働者がそれを使いこなすための教育を必要とするようになります。労働者の労働と教育・学習が結合されることによって、労働者が人間的に発達していくことにつながっていきます。また機械化は肉体労働を軽減し、成年男性よりも非力な年少者や女性でも労働をすることを可能にします。マルクスは、「大工業は、婦人、年少者及び児童に決定的な役割を割り当てることによって、家族と男女両性関係との、より高度な形態のための新しい経済的基礎を作り出す」と言っています。

資本がもうけを増やすためにおこなう機械化・技術革新などの生産性の向上のさまざまな企みが、労働者の労働と生活に与えるさまざまな影響をしっかりとおさえて、労働者の権利と雇用を守っていくことが、労働組合に求められているのです。

## 二　労働組合の「労働者のいのちと健康を守る」責任と役割を自覚し、発揮しよう！

### （１）労働者のいのちと健康に対する使用者・事業者の責任と労働組合の果たすべき役割

使用者・事業者の労働者のいのちと健康に対する責任については、労働安全衛生法三条や労働契約法五条に規定があります。

「事業者は、単にこの法律で定める労働災害の防止のための最低基準を守るだけでなく、快適な職場環境の実現と労働条件の改善を通じて職場における労働者の安全と健康を確保するようにしなければならない」（労安法三条）

「使用者は、労働契約に伴い、労働者がその生命、身体等の安全を確保しつつ労働することができるよう、必要な配慮をするものとする」（労契法五条）

しかし、資本の本質は、何回も述べてきたように「資本は、社会によって強制されるのでなければ、労働者の健康と寿命に対し、何らの考慮も払わない」（マルクス『資本論』）のです。**事業者・使用者に労安法三条、労契法五条上の責任を果たさせるのが、労働組合の責務**（＝責任**であり、役割）です。〝命《ぬち》どう宝！〟**と言われますが、労働者のいのちと健康は、何ごとにも代えがたいものです。かけがえのないいのち、そしてほんとうに大切な健康です。労働者のいのちと健康を守ることはすべてのことの前提であり、労働運動にとっても**すべての運動の土台であり、その〝要〟**とすべき課題です。働く者のいのちと健康を守る課題は決してたくさんある課題の一つではありません。

**労働者が持つ、資本家に売ることができる唯一の商品＝「労働力」は、決して資本家に安売りしてはならないし、傷つけさせてもなりません。**労働者は資本家に労働力を売っていますが＝すなわち労働力の使用権を時間決めで使わせてはいますが、労働者のいのちと健康までは決して売ってはいないのです。

## (2) 働く者のいのちと健康をどうとらえるのか！

労働者のいのちと健康は、労働との関係でとらえなければいけません。すなわち、「労働は労働力の消費」であり、「生活は労働力の再生産」です。労働と生活の両面で全面的にとらえることが必要です。

そして、労働に関係する時間（通勤時間＋労働時間＋休憩時間＋残業時間）が労働者のいのちと健康に決定的な影響を与えます。これに関わって、労働者のいのちと健康に関する誤った考え方を克服することが大切です。

一つは、成人病・生活習慣病、私病といった「いのちと健康における自己責任論」です。生活習慣病とは、「食習慣、運動習慣、休養、喫煙、飲酒等の生活習慣が、その発症・進行により関与する疾患群」であり、これらの生活習慣を改善することにより、発症や予防ができるとする考え方ですが、労働者個人の努力や責任ばかりが問題にされてしまっています。**労働者の働き方・働かせ方が、労働者のいのちと健康に決定的な影響を与えている**という真実から目をそらせることになってしまっています。

もう一つは、労災は労働者の「不注意」、職業病は労働者の「脆弱さ」に原因があるとする「本人責任論」です。しかし、不注意は、一定の条件で誰にも起こりうるものです（多くは労働による疲れからです）。注意力には限界があります。注意力に頼る安全対策では再発は免れません。**不注意は結果であり、原因ではないのです！** リスクを先取りし、本質安全をめざすことが大切です。労災・職業病が起こった場合、事業者は「無過失責任」を負っているとされてい

| 労働者のいのちと健康を守る活動における労働組合の役割 |
| --- |
| 1　長時間・過密労働、夜勤・交代制勤務、変形労働など、過重労働の軽減と規制 |
| 2　労災・職業病の認定・補償闘争とその予防のとりくみ |
| 3　安全基準・作業基準の作成・提案 |
| 4　安全衛生教育の徹底、健康診断の受診の促進、結果の分析と事後措置・改善提案 |
| 5　採光・照明、騒音、換気、清潔など職場環境の適正化 |

ますが、正確には労災・職業病の発生を予防する責任を果たさなかった責任があるのです。

## 三　労働組合の「労安」活動・職場の「いの健」活動の強化の手引き

### (1) 労働組合の「労安」活動の基本

①日常的な職場点検・職場の労働者の状態の把握：職場はどうなっているのか？　労働者の労働、意識と実態はどうか？　要求は何か？　調査活動から始めよう！（アンケート調査の実施など）。職場巡視、職場集会の開催などを通じてつかむこと――**「労働安全衛生活動は点検に始まり点検に終わる」**

②労働者一人ひとりを大切に：ひとりの悩みや苦しみ、けがや病気も見逃さないこと！　職場の組合員一人ひとりの参加が大事！　労働者のいのちと健康を守るとりくみは、**労働者の学習と職場点検によって、労働者の権利意識と自覚を高め、職場に労働組合を建設し、強化する活動。**

③**労災・職業病の救済（補償）と予防は車の両輪！**　予防と補償を結合した運動を！　保障・認定闘争から安全闘争へ。「労働組

合の価値は予防してなんぼ」（化学一般労連・堀谷昌彦顧問）

④憲法・労働基準法はもとより、労働安全衛生法をしっかり学び身につけるとともに、労働安全衛生委員会を活用すること。

**「抵抗なくして安全なし、安全なくして労働なし！」**、**「危険なものは扱わない、危険な場所では働かない！」**　労働者には、労働者のいのちや安全・健康を脅かされると予想される場合、日本国憲法・労働基準法・労働安全衛生法にもとづき就労を拒否する権利（就労拒否権）があります！

労働安全衛生法は、事業者と対置し、労働者の利益を守る労働組合の存在を前提にした法です。経営トップの安全意識が決定的です。労働組合として企業の社会的責任（ＣＳＲ）と法令遵守義務（コンプライアンス）を徹底的に追求することが求められます。

労働安全衛生委員会の活用――労働安全衛生法で事業者に設置が義務づけられ、委員の半数が過半数組合もしくは過半数代表者の推薦する者である安全衛生委員会は、労働者・労働組合が奮闘して職場における健康問題・安全問題の対策と解決、労働条件改善のための調査審議機関にしていく必要があります。労働組合として、安全衛生委員会対策をしっかりおこない、開催の前にしっかり準備し、調査にもとづく改善提案をすること。そして、安全衛生委員会で解決・実現しないことについては、団体交渉でも取り上げて実現を迫っていくことが必要です。

リスクアセスメントと労働安全衛生マネジメントシステムを活用しましょう。

⑤厚労省の指針や通達を生かし、活用しよう！　**指針・通達を活用し、生かせることができき**

**るのは労働組合だけ**です！

ⅰ「労働時間の適正把握のために使用者が講ずべき措置に関するガイドライン」（二〇一七年一月二〇日改定）…労働時間管理をきちんとさせる！　サービス残業を許さない！

ⅱ「過重労働による健康障害防止のための総合対策」（二〇一六年四月一日改定）…過労死・過労自死を出さない！

ⅲ「労働者の心の健康の保持増進のための指針」（二〇一五年一一月三〇日改定）…メンタルヘルス不全を起こさせない！

ⅳ「パワーハラスメント対策導入マニュアル～予防から事後対応までサポートガイド～（第二版）」（二〇一五年五月一五日）…パワハラ・セクハラ（モラハラ・マタハラ）、いじめを許さない！

ⅴ「事業者が講ずべき快適な職場環境の形成のための措置に関する指針」（一九九七年九月二五日改正）…快適職場を作る！

# 第九章　雇用問題について考える

「資本が蓄積されるのにつれて、…労働者の状態は悪化せざるをえない」、「一方の極における富の蓄積は、同時に、その対極における貧困、労働苦、奴隷状態、無知・野蛮化及び道徳的堕落の蓄積である」

（マルクス『資本論』第一部・第二三章「資本主義的蓄積の一般的法則」より）

## 一　マルクス『資本論』における失業と貧困、不況と恐慌の解明

マルクスの『資本論』の労働運動への大いなる貢献は、資本主義が生み出す厄災であり、労働者の雇用を脅かす失業と貧困、恐慌と不況のメカニズムを解明し、その対抗軸を明らかにしたことです。

### (1) 資本の蓄積と失業・貧困

資本主義的な生産・蓄積が進み、労働生産性が向上していくと、資本における労働力部分の占める割合が少なくなり、機械や原材料などの生産手段が占める割合が大きくなっていきます。**資本の増殖に比して、労働力が相対的に過剰になっていきます。**

マルクスは、このことを「**資本主義的生産様式に固有な人口法則**」(『資本論』第一部「資本の生産過程」・第七篇「資本の蓄積過程」・第二三章「資本主義的蓄積の一般的法則」より、以下も同様)と呼んでいます。資本の蓄積に伴って生み出された相対的に過剰な労働者を、マルクスは「**相対的過剰人口**」「**産業予備軍**」と呼んでいますが、「相対的過剰人口」は資本の蓄積の結果であるとともに、それが資本の蓄積をいっそう進めることを明らかにしました。

曰く、「過剰労働者人口が、蓄積の必然的な産物であるとすれば、この過剰人口は逆に、資本主義的蓄積のテコとなる。絶対的に資本に従属し、自由に処分できる産業予備軍を形成する」。「相対的過剰人口」には、失業者のみならず、半失業者とも言える不安定な日雇い労働者やパート・派遣などの非正規雇用労働者も含まれます。マルクスは、「産業予備軍」の果たす役割、現役の労働者に与える影響について、「この予備軍隊列がその競争によって就業者に加える圧迫の増加は、就業者に過重労働と資本の命令への服従を強制する。労働者階級の一部分の過重労働による、他の部分の失業への突き落とし、およびその逆のことは、個々の資本家の資本蓄積手段となる」と喝破しています。

資本が蓄積されていくのにつれて、相対的過剰人口が増え、労働者階級の中に貧困層(=不安定な非正規労働者)と失業者が増えていくことを、マルクスは「**資本主義的蓄積の絶対的・一般的な法則**」としています。

そして、「資本が蓄積されるにつれて、労働者の報酬がどうあろうとも、高かろうが低かろうが、労働者の状態は悪化せざるをえない」とし、「この法則は、資本の蓄積に照応する貧困の蓄積を条件づける。したがって、一方の極における富の蓄積は、同時に、その対極における貧困、労働苦、奴隷状態、無知・野蛮化及び道徳的堕落の蓄積である」と鋭く告発しています。

資本主義社会における失業と不安定雇用の発生の必然性と労働者が貧困化していくメカニズムを理解していただけたでしょうか？

## (2) 資本主義的生産の矛盾の暴力的・一時的な調整としての恐慌

そして、資本主義的生産の矛盾の暴力的、一時的な調整が「恐慌」です。マルクスは、恐慌について、「ブルジョア的経済のあらゆる矛盾の現実的総括および暴力的調整としてつかまれなければならない」（マルクス『剰余価値学説史』より）と言っています。

事実、一九二九年の世界大恐慌、一九七三年の石油ショック、二〇〇八年のリーマンショックなどの時に、恐慌は倒産・解雇・失業など筆舌に尽くしがたい厄災を労働者にもたらしました。こうした恐慌や不況はどうして引き起こされるのでしょうか？

マルクスは資本主義的生産の根本矛盾にその原因とメカニズムを求めました。

「資本主義的生産の真の制限は、資本そのものである」（以下『資本論』第三部「資本主義的生産の総過程」・第三篇「利潤率の傾向的低下の法則」・第一五章「この法則の内的諸矛盾の展開」より）とし、「資本とその自己増殖、社会的生産諸力の無条件発展と生産者大衆の収奪と貧困化が常に矛盾することになる」と言います。

「すべての現実の恐慌の究極の根拠は、依然としてつねに、生産諸力を発展させようとするその衝動と対比しての、大衆の貧困と消費制限である」（第三部・第五篇「利子生み資本」・第三〇章「貨幣資本と現実資本Ｉ」より）とも言っています。

そして、恐慌を激化させるものとして、マルクスは、「商人の介在」、「信用制度」、「世界市場」をあげています。

## 二　雇用問題のとりくみについて

労働者にとって、「雇用の安定」は何よりも大切なものです。「首」になったり、倒産や廃業で職を失うと、たちまちのうちに生活に困ります。また、パートやアルバイト、派遣などの不安定な雇用では、いつ解雇や雇い止めにあうかもしれません。雇用形態による差別的取扱いをやめさせ、「同一労働・同一賃金、均等待遇」原則を実現していく、不安定な雇用を制限し、「正規雇用が当たり前」にしていくことは、労働者の地位を安定させ、労働組合のたたかいを発展させる前提条件でもあります。

雇用問題の改善、恐慌・不況を克服していく上で、資本家的解決の道と労働者・国民の立場に立った解決の道が鋭く問われることになります。すなわち、生産を縮小するか（＝工場閉鎖・解雇など）、消費を拡大するか（＝解雇規制の強化・失業時の生活保障・雇用の創出など）です。

**解雇規制の強化**という点では、①解雇権濫用法理＝「客観的に合理的な理由を欠き、社会通念上相当ではない解雇は、解雇権の濫用であり無効」（労働契約法一六条）や解雇禁止・制限事項の厳守、②労働者に責任のない、経営上の理由による解雇の「整理解雇四要件」（ｉ解雇の必要性、ⅱ解雇回避努力、ⅲ人選基準の合理性、ⅳ解雇手続きの妥当性）の厳守が重要です。

**失業時の生活保障**という点では、①雇用保険制度の充実と、②生活保護制度の迅速な適用が大切です。労働者の持つ唯一の、ほんとうに大切な「労働力」の安売りをしない＝「安心して失業できる権利」の確立が、雇用の劣化を防ぎ、「安定したまともな雇用」を確保していくことにつながっています。

**雇用の創出**という点では、①ワークシェアリング（労働時間の短縮＝労働時間の分かち合いによる雇用の創出）、②医療・介護、教育・福祉など公的制度の充実による増員の実現、③政府や地方自治体による「公的就労事業」の実施による「勤労の権利」の直接保障、④公的職業訓練制度の充実などが求められます。

パート・アルバイト、派遣などの不安定な雇用の非正規労働者が増加し続けています。二〇一八年の総務省の「労働力調査」によれば、完全失業者数は一六六万人、完全失業率が二・四％と減少してきていますが、〟半失業者〝とも言える非正規の労働者は増え続けています。二〇一八年の非正規労働者は二一二〇万人で、非正規労働者比率は三七・八％と四割近くになっています。特に女性労働者では五六・〇％と過半数を超えています。また六五歳以上の高齢非正規労働者は三五八万人と前年から四二万人、一三・三％増と急増しています。

非正規労働者の増加は、ワーキングプアの増加、格差と貧困の広がりに直結しており、労働者全体の賃金・労働条件の切り下げ、雇用の劣化につながっています。そしてそれが、日本経済を停滞・後退させ、少子化・過疎化など日本の未来に関わる大問題となっています。

この間、二〇一二年に労働契約法が改正され、無期雇用契約への転換（法一八条）、「雇止め法理」の法制化（法一九条）、期間の定めがあることによる不合理な労働条件の禁止（法二〇条）など、有期雇用に対する一定の保護措置が採られました。安倍「働き方改革」において、雇用形態による公正な待遇の確保＝不合理な待遇差の禁止も銘記されました。しかし、「職務内容・配置の変更の範囲、その他の事情」を口実にした合理的な待遇差＝差別的取扱いを容認しており、わたしたちが求める「同一労働・同一賃金、均等待遇」原則の実現とは程遠い内容です。「多様な就業形態の普及」（労働施策推進法四条）が国の施策の基本に置かれており、肝心の有期雇用そのものに対する〝入口規制〟（＝有期雇用を利用できる理由の制限）と〝出口規制〟（＝一定の期間経過後の無期雇用への自動転換）は見送られたままとなっています。

「良質で安定した雇用」こそ、社会の安定と経済の発展の土台です。労働者を雇用するときは、本来〝直接・無期雇用〟を大原則とすべきです。本来、労働者に正規と非正規もありません。みんな〝同じ労働者であり、ともに団結してたたかう仲間〟です。労働者の内部に分断を持ち込み対立させてきたのは、資本の側です。今こそ、正規労働者と非正規労働者、組織労働者と未組織労働者、民間の労働者と公務労働者が、立場の違いを超えて、団結してたたかうべきときです。「非正規雇用問題」の解決に向けて、力をあわせてとりくんでいきましょう。

# 第一〇章　税・財政と社会保障について考える！

「資本主義国家は租税で成り立っており、税制の有り様は、その時どきの政治の姿そのものを示している」

（シュンペーター『租税国家の危機』）

## 一　資本主義社会と社会保障制度、日本の社会保障制度の問題点

わたしたちが生きている社会＝資本主義社会において、わたしたち労働者は、「働いて、賃金を得て、それで生活をしていく」わけですが、解雇や失業、傷病・障害、老齢などによって、「働けなくなる」とたちまちのうちに生活ができなくなってしまいます。そうした労働者・国民の生活（＝貧困）の問題に、国として対応し、歴史的に形成されてきたのが、社会的な生活保障の諸制度（＝社会保障制度）です。それは、失業（雇用）保険、労災保険、医療・介護保険、障害・老齢年金、生活保護などからなりますが、社会保障制度は、資本主義社会の下で、失業と貧困に苦しむ労働者・国民の長年のたたかいでかちとってきたものです。日本国憲法は、第二五条で、国家責任による国民の生存権保障を高らかに謳っています。

日本の社会保障制度は、生活保護制度などを除いて、ほとんどが「社会保険」という形式を

とっています。社会保険制度の問題点として、①保険料を払えない、社会保険から排除される層がどうしても生まれること、②保険料負担が基本的に定率なため、所得が低い層の負担が実質大きくなること（逆進性）が上げられます。実際、年収二〇〇万以下のワーキングプア層の保険料負担が一番重くなっています。個別の制度について言えば、雇用保険の失業給付を受けている失業者は二割程度しかいないこと、老齢年金に最低保障がないこと、医療・介護保険は保険料・利用料負担があまりにも大きいこと、生活保護は利用率・捕捉率があまりにも低いことなどが、それらの問題点としてあげられます。

そして、安倍内閣のもとで日本の社会保障制度の変質・解体が急速に進みました。それは、民主党政権末期の野田内閣のときに成立した民主・自民・公明三党による議員立法「社会保障制度改革推進法」（二〇一二年）にもとづき進められてきました。そこでは、日本国憲法にもとづく「国民に対する生存権保障と国の社会保障責任」が否定され、社会保障は「自助、共助、公助の組み合わせ」、「家族相互及び国民の助け合いの仕組み」とされ、「給付の重点化と制度の運営の効率化」、「保険主義の徹底」がめざされ、財源については消費税を充てるとされました。

## 二　税・財政に関する民主的基本原則

格差と貧困の発生・拡大が不可避である資本主義社会において、民主主義国家における「税と財政の果たすべき経済的役割」は、「**『所得の再配分』による格差の是正と貧困の解消**」であり、それによる国民生活と社会の安定の確保です。しかし、現在の日本の現状は、消費税の増税と金持ち・大企業減税に見られるように、大多数の労働者・国民から大企業・大金持ちへの**「所得の逆再配分」**ともいえる怖ろしい現象が起こっています。

日本国憲法の下で、国民が「納税の義務」（第三〇条）を負うのは、憲法が保障する基本的人権を実現するための財政的保障だからです。そして、基本的人権、特に生存権を侵害するような課税は、本来許されません。したがって日本国憲法から導き出される「課税の民主的原則」は、第一に**「生活費非課税」**であり、第二に**「応能負担（累進・総合課税）」**が基本に置かれなくてはなりません（「累進課税」とは、収入が増えるにつれて税負担を重くするということで、「総合課税」とは、所得だけでなく、利息や配当、資産などにも総合的に課税するということ）。

こうした税の民主的原則から言えば、**消費税は生活そのものに課税される、極めて逆進性の強い、日本国憲法に違反すると言ってもよいほどの最悪の課税**です。

また、財政の基本的大原則は、**「出（いずる）を量りて、入（はいる）を制す」**です。決して、「家計」のように、「収入に応じた支出をする」ではありません。すなわち、すべての国民に基本的人権（とりわけ生存権と勤労権、そして教育を受ける権利）を保障するのに必要な歳出を計算し、それに必要な歳入を「税の民主的原則」にもとづいて調達するということが基本に置かれなくてはなりません。

## 三　タックスヘイブンについて考える！

### 「税金なんて庶民のものよ！」

（脱税で訴えられたアメリカの不動産王で億万長者のハリー・ヘルムズリーの妻レオナ・ヘルムズリーの法廷での証言）

ＴＪＮ（タックス・ジャスティス・ネットワーク）によれば、世界の「グローバル大企業（多国籍企業）の税逃れで失われる税収は年五〇〇〇億ドル（約五七兆円）、富裕層の税逃れは年二〇〇〇億ドル（約二二・八兆円）、最貧国はこれらの行動によって毎年一〇〇〇億ドル（約一一・四兆円）を失っている」とされています。

「タックスヘイブン」（＊）と「オフショア」（＊＊）は、グローバル大企業（多国籍企業）や富裕層と、その金融資産を管理する銀行や証券などの金融大資本が、課税逃れの資産隠しをする場所で、タックスヘイブンにため込まれた資産は二〇一五年では二四～三六兆ドルにも上り、日本の税収が毎年五兆円も流出していると推計されています。タックスヘイブンは〝資本主義の寄生性・腐朽性〟（レーニン『帝国主義論』）を示すブラックホールのようなものです。タックスヘイブンの存在が格差と貧困を広げ、各国の財政を破たんさせています。アジア、アラブ、アフリカなどの途上国から先進国への富の流出を許しています。

（＊）タックスヘイブン（tax＝税　haven＝避難港　×heaven＝天国）　租税回避地、あらゆるお金に関係する法や規制が届かない場所、無法地帯。

（＊＊）オフショア（＝off shore　shore＝海岸、off shore で、陸地を離れた・海の向こう・海上の・海外といった意味。反対語は on shore）　規制回避地、国の法律や規制が届かない地域

「オフショアとは、豊かで力のあるエリートたちが代償を払うことなくこの世の楽しみを享受できるようにする一大プロジェクトなのだ」、「オフショアの世界は、貧しい者の資産と力を富める者へと移動させる歴史上もっとも強烈な推進力だ」（イギリスのタックスヘイブン問題の専門家ニコラス・シャクソンの著書『タックスヘイブンの闇――世界の富は盗まれている――』より）と言われています。「すべては一％の富裕層のため！」なのです。

# 第一一章　労働＝〝働くということ〟と労働組合の幹部や活動家のあり方について考える！

## 一　労働＝〝働くということ〟について考える！

### （1）労働＝「働くこと」の重要性

マルクスの盟友エンゲルスは、彼の論文「猿が人間になるについての労働の役割」において、「労働はあらゆる富の源泉」であるとともに、それ以上のものであり「労働が人間そのものを作り出したのだ」と言っています。

マルクスは、『資本論』第一部「資本の生産過程」の第三篇「絶対的剰余価値の生産」の第五章「労働過程と価値増殖過程」において、次のように言っています。「労働とは、人間が自然に働きかけて、人間の生活に必要なものを作り出す行為であり、人間の生存にとって必要不可欠なものである」、「労働は、人間の極めて能動的かつ積極的な行為であり、人間の持つ能力（労働能力）を発展させる活動だ」、「また、労働という行為は、目的意識性を持った行為（＝何を作るのかというはっきりとした目的を持って動作をする行動）であり、多くの労働者が共同・協力してとりくむ行動である」と。

また、マルクスは、高校の卒業の際に書いた論文「職業の選択にあたっての一青年の考察」

において、職業の選択にあたって大切なこととして、「人類の福祉（への貢献）」と「われわれ自身の完成」をあげていますが、自らの労働を通じて、社会に貢献することができれば、そして人間的に成長・発展することができれば、この上のない喜びとなります。労働そのものは、人間にとって、本来、喜びであり、楽しいことであり、もっとも人間的な行為そのものです。

## （2）資本主義社会における"労働の疎外"（＝働きがいの喪失）

「疎外」とは、「自分が作り出したものが、自分から独立し、自分に対立し、自分を否定するものとなり、その結果自分本来の姿を失う」ということを意味する哲学的概念です。わたしたちが生きている社会＝資本主義社会において労働者が働くということは、必ずしも喜びであり、楽しいものだとは言えません。それは苦痛であり、嫌なことの方が多いのかもしれません。労働を通じて成長するということにも困難があります。それはどうしてなのでしょうか？

第一に、資本主義社会における生産力の向上と社会的分業の発達が、社会全体におけるそれぞれの労働者の個々の労働の全体における位置づけや意義を見失いがちにさせるからです。

第二に、資本主義社会における労働は、労働者の自由な意思にもとづく労働ではなく、資本家の支配と従属の下での命令と服従にもとづく強いられた労働であり、それが労働者のやりがいを奪っています。

第三に、資本主義社会では、労働者が働いて作り出した生産物は、労働者のものとはならずに、資本家のものとなります。資本家による労働者の搾取が、労働者の働きがいを大きくそこなっています。

第四に、労働者の労働に見合わない低賃金、過労死・過労自死、メンタルヘルス不全につながるような長時間・過密労働、パート・アルバイト、派遣など不安定で無権利な雇用で働かされることも、労働者の働きがいを失わせます。

したがって、労働組合ががんばって、賃金を引き上げ、労働時間短縮をはじめとする労働条件を改善し、雇用を安定させることが、労働者の働きがいの回復につながります。そうした労働組合の活動に参加することは、労働者にとって誇りであり、生きがいとなります。

しかし、資本主義社会における労働の疎外、働きがいの喪失は、根本的には、資本主義という経済・社会の仕組みそのものから生まれています。労働者の働きがいを全面的に回復するには、経済の仕組み、社会の仕組みそのものを変革することが必要です。マルクスは、「すべての解放は、人間の世界を、諸関係を、人間そのものへ復帰させることなのだ」(「ユダヤ人問題に寄せて」より)と述べ、「人間の自己疎外としての私的所有の積極的揚棄としての、したがってまた人間による人間のための人間的本質の現実な獲得としての共産主義」(『経済学・哲学手稿』より)と言っています。

## (3) 未来社会における労働

マルクスは、みずから起案した「国際労働者協会創立宣言」において、「賃労働は、奴隷労働と同じように、また農奴の労働とも同じように、一時的な下級の〈社会的〉形態に過ぎず、やがては、自発的な手、いそいそとした精神、喜びで満ちた心で勤労にしたがう結合的労働に席をゆずって消滅すべき運命にある」と言っています。

その上で、マルクスは、『資本論』において、①人間の労働は、基本的には、社会を維持し、再生産・発展させるために、自然と格闘する活動であり、それは「必然性の国」に属すること、②そして、人間の能力の全面的な発達を目的とする「真の自由の国」は、「必然性の国」の成果にもとづき、その上に立って始まること、③それは労働時間の大幅な短縮が根本条件であること、という壮大な未来社会の展望を描いています（第三部「資本主義的生産の総過程」・第七篇「諸収入とその源泉」・第四八章「三位一体的定式」より）。

## 二　労働組合の幹部、活動家のあり方について考える！

労働組合は、基本的には、労働者なら誰でも入れる、労働者の思想・信条や信仰、性や年齢、国籍、雇用形態、政党支持の違いを問わない極めて**大衆的な組織**です。しかし、労働組合は、労働者が団結して、資本や権力の搾取や収奪、支配と抑圧とたたかって、労働者の生活と権利、雇用を守り、労働者の切実な要求の実現をめざしてたたかう、極めて**階級的な組織**でもあります。「誰でも入れる」という大衆性と「みんなでたたかう」という階級性という一見矛盾した二つの特性を統一するのは、一般的には、組合民主主義であり、学習活動であり、教育・宣伝活動だと言うことができますが、**実際に、労働組合の大衆性と階級性を統一させる役割を果たすのは、労働組合の幹部であり、活動家といわれる人々**です。

労働組合は、組合員大衆であるごく〝**ふつう**（**普通**）**の人々**〟と労組幹部と労組活動家の〝**けなげ**（**健気**）**な人々**〟――わたしは労組幹部・活動家のことを内心〝けなげな人々〟と呼んでいます――からなっています。「**けなげな人々**」**の奮闘、献身的な努力、**「**ふつうの人々**」**への働きかけ如何《いかん》が、労働組合の活動の水準を決めていきます。**誰でも入れる大衆的な組織である労働組合が、労働組合に参加する労働者全員が団結してたたかう階級的な労働組合となる上で、〝けなげな人々〟＝労働組合の幹部と活動家の果たす役割は決定的です。

そうした労働組合で決定的で重要な役割を果たす労組幹部・活動家のあり方＝〝労組幹部・活動家に求められるもの〟について、考えてみましょう。題して、「**労働組合の幹部・活動家の心得～職場・地域の仲間から信頼される幹部、活動家になろう！～**」

①労組幹部・活動家に求められるもの――その一、きちんとあいさつをすること、できること

労働組合は、人と人が作る組織であり、コミュニケーション（意思の伝達、気持ち・意見などを言葉などを通じて相手に伝えること）がきちんとできることがほんとうに大切です。あいさつはコミュニケーションの出発点であり、それがきちんとできることは基本中の基本です。

②労組幹部・活動家に求められるもの――その二、きちんと仕事をすること。きちんと仕事ができるようになること。

職場の人間関係は、基本的には仕事を通じた関係となります。したがって、職場で信頼を得るには、きちんと仕事をすること、きちんと仕事ができることが前提となります。それなしに、えらそうな話をしても、仲間は話を真剣に聞いてくれません。仕事で信頼を得ることが、労働組合に入ってもらったり、労働組合活動を進めていく前提条件だといえます。

③労組幹部・活動家に求められるもの――その三、仲間の話をしっかり聞くこと、じっくりと聞けるようになること。仲間を信頼すること。

労組幹部・活動家になると人に話す機会が増えます。労組幹部・活動家の経験を積んでいくと、人に話すことが次第にうまくなり、得意になっていきます。しかし、“話し上手“が必ずしも“聞き上手“とは限りません。仲間に聞いてもらえるような話ができるような“話し上手“になることも必要ですが、もっと労働組合の幹部・活動家に求められるのは、“聞き上手“になることです。職場の仲間の悩み、思い、願いにしっかり耳を傾け、いっしょに問題解決にとりくむことが、労働組合運動の出発点・スタートであり、そうした姿勢・態度が仲間の信頼を得ることにつながり、職場の団結を固め労組活動を活性化していきます。

職場の仲間を信頼することも大切です。職場の仲間を信頼できないようでは、労組活動はうまくいきません。人は、活動がうまくいっているときには自分がやったと思い、うまくいっていないときは他人のせいだと思いがちですが、**労働組合運動では、組合活動がうまくいっていないときは基本的に労組幹部・活動家の責任であり、要求や方針が正しかったのか、幹部・活**

**動家の姿勢や指導性はどうだったのかしっかり自己分析・点検することが必要**です。逆にうまくいっているときは、労働組合みんなの団結とたたかいの成果としてしっかり全体の確信にしていかなくてはなりません。

総括の視点としては、要求の実現・前進はどうだったのかということと、労働組合としての団結や組織の拡大・強化という点でどうだったのかという、要求・運動面と団結・組織面の両方をしっかりとらえて総括することが大切です。

④労組幹部・活動家に求められるもの——その四、情勢に強くなり、展望を語れるようになること。

言うまでもないことかもしれませんが、労組幹部・活動家は、職場と地域の情勢を語り、要求と運動の展望を語らなくてはなりません。そのためには、**情勢に強くなること**、新聞をしっかり読んで日常的に情勢を語ることが必要ですし、**よく勉強して**労働組合活動を進めていく上での必要な知識を身につけることが重要です。一面きびしい階級闘争である労働組合運動では**経験がものをいう**ことも大きく、日常的なたたかいをしっかりと総括し、経験を整理してきちんと教訓を引き出し、それを蓄積していくことも大切です。

⑤労組幹部・活動家に求められるもの——その五、指導性と戦闘性を発揮すること。仲間と運動・組織に対しては常に謙虚に接すること。

労組幹部・活動家には、**指導性**を発揮して組合と職場の団結を高めること、たたかいの先頭に立って**戦闘性**を発揮してたたかうことが求められます。そして、組合や職場の仲間には、**常に謙虚**に接することも求められます。**労組幹部・活動家には、たいへんなこともたくさんありますが、それだけにやりがいのある仕事です。**

さいごに、労働運動に心血をそそいでがんばっている労組幹部・活動家のみなさんに、マルクスが一七歳の青年の時、高校を卒業するころ、活動家になろうと決意したときに書いた文章を贈ります。

「歴史は、普遍的なもののために働くことによって自らを高貴なものとした人々を、最も偉大な人々と名付ける。経験は、最大多数の人々を幸福にした人を、最も幸福な人とたたえる。…われわれが人類のためにに最も多く働くことができる職業を選んだとき、どのような困難もわれわれをくじけさせることはできないであろう。なぜなら、その苦難は万人のための犠牲に外ならないからだ。またそのときわれわれは、みすぼらしくせまくるしい利己的な喜びにひたるのではない。そうではなくて、われわれの幸福は万人のものであって、われわれの行為は、静かに、だがいつまでも働きながら生き続ける。そして高貴な人の熱い涙がわれわれの遺体の灰にそそがれるであろう」

（マルクス「職業の選択にさいしての一青年の考察」）

# 第Ⅲ部　日本国憲法と『資本論』がさししめす労働者の未来

# 第一二章　革命のすすめ――労働者の力で"世の中を変えよう"

## 一　"災害列島"震災国の日本で労働者・国民のいのちとくらしをどう守っていくのか?

一九九五年の阪神淡路大震災、二〇一一年の東日本大震災と東京電力福島原発事故などをはじめ、地震や台風・豪雨災害が相次いで日本を襲っています。"災害列島"・震災国の日本で労働者・国民のいのちとくらしをどう守っていくのかがすべての労働者・国民に問われています。相次ぐ災害・震災の発生の中で、痛感させられるのは次の三点です。

第一に、「**日本の政治の貧困・冷たさ**」です。災害に遭われた人々に対するほんとうに冷たい仕打ちを、避難所でのひどい扱いや仮設住宅の劣悪さを通じて痛感させられ続けてきました。この点で、二〇一八年九月二九日の夜に放送された朝日放送の「サタデー・ステーション」の報道は衝撃的でした。

第二に、「**大災害・震災は、日本の格差と貧困の現実をむき出しにする**」ということです。災害は、災害が起こった全地域の人々に襲いかかりますが、災害に耐え、生活がすぐ復旧・復興するのは"富める人々"であり、災害の被害が大きく、なかなか生活が復旧・復興しないのは"貧しい人々"です。災害がなくても生活していくのがやっとの状況のもとで、災害に襲われるわけで、「自己責任」では生活は決して再建できません。国民・地域住民の生活再建は政府・地

○2018年9月29日（土）夜の朝日放送の「サタデー・ステーション」という番組で「災害列島・“命守る”避難所、イタリアとの違い」が放映されました。タレントのディーン・フジオカさんがレポートをされていました。
・まず、西日本豪雨災害に遭った岡山県倉敷市真備町が報道され、災害後1カ月経っても、エアコンもない体育館の硬い床に雑魚寝。食事は、長い行列を作って、おにぎり1個という状況が放映されました。
・次に2018年8月に地震があったイタリアの様子が放映されました。24時間以内に1人当たり約3畳の広さがあるエアコン付きテントを設置され（原則として家族単位）、トイレやシャワー付きのトレーラーが現地に到着し、イタリア全国からシェフが駆け付け、毎食できたての料理をボランティアが席まで運んでいました。被災者の「まるでホテルにいるみたい」という声が響きました。
・日本とイタリアの違いは決して国力の違いではありません！　政治の国民に対する姿勢の違いです！

方自治体の責任なのです。

第三に、「**震災国日本では、政治を変えないと国民のいのちとくらしは守れない**」ということです。国民のいのちとくらしが最優先される政治＝すべての国民が個人として尊重され、国民の生命、自由、幸福追求に対する権利が最大限尊重される政治、国民の健康で文化的な生活を営む権利が守られる政治に転換していく緊急性・重要性を、震災や災害が起こるたびに痛感します、震災や災害から労働者・国民のいのちとくらしを守っていくためにも、日本国憲法にもとづくまともな政治の実現をめざしてがんばっていこうではありませんか。

## 二　今こそ、主権者として、声を上げ、行動に立ち上がろう！　政治を変え、経済と社会、職場と地域を変えよう！

安倍内閣＝自公連立政権は、平和憲法と第九条を踏みにじって、集団的自衛権の行使を可能とし、戦争法を強行しました。また、国民の生存権をないがしろにし、国の社会保障責任をあいまいにして、社会保障制度の変質・解体を推し進めてきました。政治は憲法に基づいて進めなければならないとする立憲主義をこれほど無視し、暴走した内閣があったでしょうか？

政府が国民の基本的人権、〝恐怖と欠乏から免かれ、平和のうちに生存する権利〟を侵害するときには、国民はそういう政府を倒す権利＝〝抵抗権〟ないし〝革命権〟があるというのが、一七七六年のアメリカ独立宣言以来の近代民主主義国家における確立された考え方です。日本国憲法も第九九条で政府に「憲法尊重擁護義務」を課し、その義務を果たそうとしない政府に対しては、主権者である国民が立ち上がって、その政府を倒すこと、抵抗権ないし革命権を行使することを求めていると言えます。その際、私たち国民は、日本国憲法第一六条で保障された請願権や第二一条で保障された集会・結社その他一切の表現の自由を全面的に行使することも重要ですが、日本は民主主義国家であり、やはり選挙で決着をつける、安倍内閣を国民の審判にもとづいて引きずり下ろすことが必要です。安倍内閣の戦争法の強行に対して、「総がかり行動」が取り組まれ、「市民と野党の共同」が広がりました。そして、「安保法制の廃止と立憲主義の回復」を求める「市民連合」が発足し、二〇一六年と二〇一九年の参議院選挙ではすべての一人区で野党統一候補が実現し、二〇一六年には一一の一人区で、二〇一九年には一〇の一人区で野党統一候補が勝利しました。

「市民と野党の共同」の力で「革命を起こそう！」＝安倍内閣を退陣に追い込もうではありませんか。「政治を変えて、経済と社会を変え、職場と地域を変えていこう」ではありませんか。「憲法が暮らしに生かされる」当たり前の政治を実現していこうではありませんか。日本国憲法にもとづいて、すべての国民の人間としての尊厳が守られ、「個人として尊重され」、「生命、自由及び幸福追求に対する国民の権利」（第一三条）が最大限尊重され、「健康で文化的な最低限度の生活を営む」ことができる社会を、二〇二〇年代のできるだけ早い時期に実現していこうではありませんか。

まさしく“今ががんばりどきであり、正念場“です。二〇二〇年代を新たな飛躍と前進の時代とすべく、日本の労働運動の組織と運動の発展をかちとっていきましょう。

# 第一三章　『資本論』がさししめす労働者の未来

## 一　資本主義社会の歴史～その過去・現在・未来

### （１）エンゲルス『空想から科学へ』

マルクスの盟友であり、マルクスの没後『資本論』の第二部と第三部を編集したエンゲルス（一八二〇～一八九五年、ドイツ）は、科学的社会主義の古典であり、名著の『空想から科学へ』（一八八〇年）において、「マルクスの二つの偉大な発見、すなわち唯物論的歴史観と剰余価値による資本主義的生産の秘密の暴露によって、社会主義は科学となった」と言っています。マルクスの剰余価値論による資本主義社会における金もうけの秘密＝資本家の労働者に対する搾取の暴露と社会発展の歴史法則の解明が、労働者階級の解放をめざす社会主義の理論を、空想的なものから科学的なものに発展させ、確立したということです。マルクスの『資本論』によって、資本主義社会が科学的に分析されるとともに、資本主義社会の生誕・発展・必然的没落の歴史的な法則が明らかにされました。

### （２）マルクス『経済学批判』の序説

マルクスは、著書『経済学批判』（一八五九年）の序説において、彼の社会観・歴史観を「（マルクスの）研究にとって〝導きの糸〟として役立った一般的結論」として、次のように定式化しました。

①人間の社会的な生産の諸関係が、人間社会の経済的構造を形成し、社会の土台となる。その上に法的・政治的上部構造がそびえたち、社会的意識が対応する。物質的生活の生産様式が、社会的、政治的、精神的生活過程全般を制約する。人間の意識がその存在を規定するのではなくて、人間の社会的存在が意識を規定するのである。

②社会における生産力の発展は、生産関係や所有関係と矛盾するようになる。生産力と生産関係が桎梏にまで至ると社会革命が始まる。

③人間社会の歴史的区分は、大づかみで、原始共同体社会、奴隷制社会、封建的社会、資本主義社会に分けることができる。資本主義的生産の社会は最後の敵対的な階級社会であり、この社会で人類社会の前史が終わりを告げる。

## （3）マルクス『資本論』

マルクスは、彼の唯物論的歴史観の一般的結論にもとづき、『資本論』第一部の第二四章「いわゆる本源的蓄積」（以下引用は同章から）において、資本主義の「生誕」から「発展」、そして「その必然的没落」に至る歴史を見事に描きだしています。

資本主義の「本源的蓄積」とは、資本主義のスタートにおいて生産手段を持つ資本家と生産手段を持たずに資本家に雇われて働かざるをえない労働者がどのように形成されたのかということです。それは、「一方に勤勉で聡明で倹約な選ばれた人々がいて、他方に怠惰で浪費家の怠け者がいて、それぞれ資本家と労働者になった」とするようなおとぎ話では決してなくて、国家の暴力が大きな役割を演じました。マルクスは、本源的蓄積とは、「生産者と生産手段との歴史的分離過程にほかならない」とし、生産手段を所有していた農民が生産手段を収奪され、生産手段から切り離されて労働者となっていく歴史は、「血と火の文字で人類の年代記に書き込まれている」と強く弾劾します。そして、農村民からの土地の収奪、被収奪者に対する流血の立法と賃金引き下げのための諸法律、植民地における略奪と野蛮な支配などを紹介しながら、マルクスは「資本は、頭から爪先まで、あらゆる毛穴から、血と汚物をしたたらせながら、この世に生まれてきた」と鋭く告発しています。

資本主義的生産が進むにつれて、資本の集中＝少数の資本家による多数の資本家の収奪が行われるようになり、国際的に発展していきます。一切の利益を奪い独占する大資本家の数は絶えず減少していきますが、それにつれて貧困・抑圧と搾取の総量は増大していくとともに、絶えず膨張し、資本主義的生産によって訓練され、結合し組織された労働者階級の反抗も増大していきます。

『資本論』においてマルクスは、「資本主義的生産の生誕・発展・必然的没落のラフスケッチ」を次のように描きだします（以下『資本論』第一部「資本の生産過程」の第七篇「資本の蓄積過程」の第二四章「いわゆる本源的蓄積」の第七節「資本主義的蓄積の歴史的傾向」より）。

「資本の本源的蓄積、すなわち資本の歴史的な創世記とは、結局どういうことなのか？　それは奴隷および農奴の賃労働者への直接的転化……を意味するにすぎない」

「この転化過程が旧社会を深さと広がりから見て十分に分解させてしまえば、……私的所有者のいっそうの収奪が新しい形態をとる。いまや収奪されるべきものは、もはや自営的労働者ではなく、多くの労働者を搾取する資本家である」

「こうした収奪は、……諸資本の集中によって、なしとげられる」

「大資本家の数が絶えず減少していくにつれて、貧困、抑圧、隷属、堕落、搾取の総量は増大するが、しかしまた、絶えず膨張するところの、資本主義的生産過程そのものの機構によって訓練され結合され組織される労働者階級の反抗もまた増大する」

「資本独占は、それとともにまたそのもとで開花したこの生産様式の桎梏となる」

「生産手段の集中と労働の社会化とは、それらの資本主義的外被とは調和しえなくなる一点に到達する」

「この外被は粉砕される。資本主義的私的所有の弔鐘が鳴る。収奪者が収奪される」

「資本主義時代の成果――すなわち、協業と、土地の共有ならびに労働そのものによって生産された生産手段の共有――を基礎とする個人的所有を再建する」

資本独占は資本主義的生産の桎梏となり、生産手段の集中と労働の社会化とが調和しえない一点に到達する。すると資本主義的私的所有の警鐘が乱打され、資本主義時代の成果を踏まえた生産手段の共有を基礎とする個人的所有が再建されることとなる。資本主義の大きな歴史的なメカニズム、その生誕・発展・必然的没落の歴史的な法則を理解し、そのうえで当面するたたかいを進めていくことが大事だと思います。

## 二　マルクスが示す労働者階級の未来＝生産手段の社会化による労働者階級の搾取からの解放

マルクスは、何よりも資本主義社会の変革をめざす革命家であり、理想とする共産主義社会の実現をめざす共産主義者でした。また、労働者階級の搾取からの解放をめざす労働運動の偉大な指導者でした。マルクスが『資本論』を執筆したのは、「近代社会（＝資本主義社会）の経済的運動法則を暴露する」（「『資本論』初版への序言」）ためですが、それは「（資本主義社会の）肯定的理解のうちに、同時にまたその否定、その必然的没落の理解を含む」ものであり、「本質的に批判的であり革命的」なものでした（「『資本論』第二版へのあと書き」）。

マルクスは、彼が執筆した世界最初の共産党・共産主義者の綱領的文書である『共産党宣言』において、資本主義社会に代わる未来社会である共産主義社会について、「階級及び階級対立をもつ古いブルジョア的社会の代わりに、各人の自由な発展が万人の自由な発展のための条件である連合体が現れる」としています。『資本論』においても、資本主義的生産様式は、「各個人の完全で自由な発展を基本原理とする、より高度な社会形態の唯一の現実的土台となりうる物質的生産諸条件を創造する」と評価しています。

マルクスは、『資本論』において、資本主義の生誕から発展、その必然的没落の歴史的な解明を行い、資本主義社会変革の根本問題である「生産手段の社会化」を提起しています（『資本論』

第一部第七篇第二四章)。すなわち、資本家・資本家階級による生産手段の私的所有を社会全体の所有に移すことが資本主義社会変革の基本であり、社会主義・共産主義革命の根本問題だということです。そして、マルクスは「労働者革命における第一歩は、労働者階級を支配階級に高めること、民主主義をたたかいとることである」(『共産党宣言』)と言っていますが、議会制民主主義を通じて労働者階級が国家権力を握り、生産手段の社会化を実現して経済と社会を変えていくことが必要だということです。

生産手段を社会化することによって、人による人の搾取(資本家階級の労働者階級に対する搾取)がなくなります。このことによって社会は階級社会から搾取も抑圧もない共同社会に変わっていきます。生産手段が社会化されることによって、生産は人々の「意識的計画的な管理」、「社会的管理及び規制」(『資本論』)のもとで行われるようになり、生産者が主人公の社会となります。労働がその人間的性格をとりもどし、労働時間の大幅な短縮が実現します。経済の計画的な運用が可能となり、資本主義社会における浪費や無駄もなくなり、経済が飛躍的に発展することになります。マルクスは、未来社会において、「労働がたんに生活のための手段だけではなく、それ自身生活の第一の要求」となり、「諸個人の全面的な発展とともに、生産力も成長し、協同組合的な富のすべての泉があふれるほどに湧きでる」ようになり、「各人はその能力に応じて働き、各人はその必要に応じて分配される」ようになると展望しています(『ゴータ綱領批判』)。また、資本主義社会を「社会的生産過程の最後の敵対的形態である」ととらえ、「この社会構成体(資本主義社会のこと)をもって人類社会の前史は、終わりを告げる」(『経済学批判』

への序言」）とのべ、共産主義社会から人類の本史が始まるとする壮大な展望を明らかにしています。

（以上）

# おわりに

筆者は、一九七〇年代に京都で大学生活を送り、それ以来京都で活動を進めてきました。当時は、京都府庁にも、京都市役所にも、「憲法をくらしに生かす」という垂れ幕が掲げられていました。当時の京都府知事は蜷川虎三さんで、当時の京都府政は「革新の灯台」と呼ばれ、全国の地方自治体に大きな影響力を持っていました。革新自治体が全国各地に存在し、労働運動も国民春闘の大きな高揚期でした。「七〇年代の遅くない時期に民主連合政府を作る」というのが、当時の民主勢力の共通したスローガンでした。あれから五〇年近く経ち、色々な紆余曲折はありましたが、二〇二〇年代に向けて、再び政治革新のチャンスを迎えています。日本の労働運動も、一九八九年の労働戦線の再編から三〇年経ち、新たな要求実現、運動と組織の前進のときを迎えています。それだからこそ、「日本国憲法」を〝たたかいの旗印〟に高く掲げ、『資本論』を〝導きの糸〟として、ともにがんばっていくことを心に込めて若いみなさんに訴えたいと思っています。

二〇一九年一二月　岩橋　祐治

**【著者略歴】**

岩橋祐治（いわはし・ゆうじ）

1954年和歌山県海南市生まれ。

1981年京都大学法学部卒業。

京都生協労組中央執行委員長、京都総評事務局長、同議長を経て、現在全国労働組合総連合副議長、労働者教育協会副会長、社会保険労務士。

著書に『生協労働者のためのやさしい賃金論』（1992年、学習の友社）。

共著に学習の友ブックレット「安倍『雇用改革』を切る」（2013年、学習の友社）、実践労働組合講座第2巻『労働者の権利と労働法・社会保障』（2015年、学習の友社）。

全労連初級教育制度「労働組合入門　わくわく講座」のテキスト作成に携わる。

労働運動入門——日本国憲法と『資本論』を学び、たたかいに生かす！

発行　2020年1月31日　初　版　　　定価はカバーに表示

著　者　岩橋祐治

発行所　学習の友社

〒113-0034　東京都文京区湯島2-4-4

TEL 03（5842）5641　FAX 03（5842）5645

振替　00100-6-179157

印刷所　（株）教文堂

落丁・乱丁がありましたらお取り替えします。



ISBN978-4-7617-1032-3